사각사각 손글씨
나도 잘 쓰면 좋겠다

이가출판사

'사각사각 손글씨, 나도 잘 쓰면 좋겠다'를 내며

"글씨가 그 사람의 맘씨를 표현한다." "글씨만 보아도 그 사람의 인격을 알 수 있다." "글씨 한 줄로 이미지가 망가질 수도 있다."는 등의 표현이 있다. 자신의 글씨에 만족하지 않는 사람이라면 기분이 언짢을 수 있는 말이다.

얼마 전 신문에서 "논술 답안지를 채점하는데 정말 충격이었다. 논리가 정연하지 않아서가 아니라 난필과 악필인 글씨 때문이었다. 문장 줄이 상하로 오르락내리락 춤추기도 하고, 작은 글씨와 큰 글씨가 마구 섞여 혼란을 가져왔다. 눈에 힘을 주고 읽었지만 포기해야 할 답안지가 많았다."는 기사를 읽고 씁쓸했다. 아무리 컴퓨터 키보드와 스마트폰 자판이 대신해 줄 수 있는 디지털 세상이라 해도 펜을 들어야 되는 순간과 맞닥뜨리게 되면 명필은 아니더라도 분명하게 의사 전달이 되도록 쓸 수 있어야 한다.

사실 손으로 글씨를 쓰는 일이 현저히 줄어들어 정서적 아름다움을 경험할 기회를 잃어가고는 있지만 그 속에서도 글씨를 쓰면서 마음의 소리에 귀를 기울이는 사람들도 있다. 디지털 시대에 아날로그적 감성을 일깨우는 손글씨가 사랑받는 이유다. 넓고 흰 종이에 사각사각 소리를 들으며 글씨를 쓰면 편안함을 느끼게 된다. 누구나 좋은 시나 글귀를 따라 쓰면서 얼었던 마음이 녹는 그런 경험 한번쯤은 있다. 하지만 자신의 글씨가 마음에 들지 않는다면 소중한 글을 간직하고 싶다가도 창피한 마음에 구겨버리게 된다. 《사각사각 손글씨, 나도 잘 쓰면 좋겠다》는 좋은 글씨체를 익히기 원하는 분들을 위해 검증과 경험에 의한 노하우를 바탕으로 출간하게 되었다.

이 책에는 세 가지 글씨체를 수록하였다. 동글동글 귀엽고 사랑스러우며 동화적이고 발랄한 느낌의 귀욤귀욤 손글씨, 한눈에 보아도 깔끔하고 매력적이며 안정적인 느낌의 반듯반듯 손글씨, 자유로운 멋과 밝고 명랑한 느낌을 주는 상큼발랄 손글씨. 세 가지 글씨체 모두 자음과 모음의 특징이 명확하고 획이 단순해서 쉽고 빠르게 익힐 수 있는 장점이 있다. 또한 자음 모음 쓰기, 한 글자 두 글자 세 글자 네 글자 쓰기, 두 줄 세 줄 문장 쓰기, 줄노트에 긴 문장 쓰기, 엽서와 카드 쓰기 등 단계별로 섬세하게 구성하였다. 글씨를 쓰는 방법과 구성, 특징은 〈글씨를 쓰는 데도 방법이 있어요〉, 〈이렇게 구성되었어요〉, 〈글씨 이야기〉에서 자세히 설명하였다.

이 책의 도움을 받아 연습한다면 일주일 안에 악필에서 벗어나 나만의 멋진 글씨를 갖게 될 것이다. 글씨 쓰기에 애정을 가진 여러분을 응원한다.

CONTENTS

'사각사각 손글씨 나도 잘 쓰면 좋겠다'를 내며 _ 4
글씨 쓰는 데도 방법이 있어요 _ 8
이렇게 구성되었어요 _ 10

첫 번째 글씨 이야기
귀욤귀욤 손글씨 _ 12

두 번째 글씨 이야기
반듯반듯 손글씨 _ 66

세 번째 글씨 이야기
상큼발랄 손글씨 _ 120

글씨 이야기
자음 이렇게 쓰세요
모음 이렇게 쓰세요
쌍받침, 겹받침 이렇게 쓰세요
한 글자 이렇게 쓰세요 (받침 ㄱ부터 ㅎ까지)
두 글자, 세 글자, 네 글자 이렇게 쓰세요
두 줄, 세 줄 문장 이렇게 쓰세요
줄노트에 긴 문장 이렇게 쓰세요
엽서와 카드에 마음을 담아 이렇게 쓰세요

"글씨 쓰는 데도 방법이 있어요"

　나만의 멋진 글씨를 익히기로 마음을 정하고 책과 연필을 앞에 두고 앉았다면 희망과 기대감에 마음이 두근두근하겠지요? 책장을 넘기며 이곳저곳을 탐방하고 나면 이제 어떻게 할까? 이대로 따라 쓰면 될까? 여러 가지 생각이 물밀 듯이 밀려옵니다.
　그렇다면 지금까지 쓰던 글씨체는 잠시 잊고 쓰고 싶은 글씨체를 정하는 겁니다. 자, 이제 마음을 정해볼까요?

　먼저 쓰고 싶은 글씨의 샘플을 정하세요.
　글씨체는 여러 가지가 있습니다. 예뻐서 쓰고 싶은 글씨, 호감이 가는 글씨, 가독성이 좋은 글씨 등. 이 책에는 세 가지의 글씨체가 담겨있습니다. 귀욤귀욤 손글씨, 반듯반듯 손글씨, 상큼발랄 손글씨. 정말 쓰고 싶은 서체!!! 마음으로 정하셨나요? 그럼 시작해볼까요?

　따라 쓰는 데도 공식이 있어요.
　친구의 글씨, 지인의 글씨, 책에서 본 글씨 등 마음에 드는 글씨를 몇 번이고 따라 써보고 그려도 보았을 거예요. 하지만 내 맘 같지 않아 혼란스러웠던 경험이 있습니다. 그렇다면 어떻게 써야 정말 잘 쓸 수 있을까요. 그냥 무턱대고 쓸 수만은 없는 일이지요. 따라 쓰는 데도 공식이 있습니다. 이 책이 길잡이가 되어 줄 거예요.

　글씨의 특징을 먼저 파악해요. '동글동글한 글꼴이구나', '자음은 큼직큼직하구나', '민글자와 받침글자의 크기가 다르네' 등등 글꼴을 먼저 훑어보고 특징을 파악하면 글씨 쓰기 정말 쉬워요.

자음과 모음을 분리해서 쓰세요. 왜냐하면 모음의 위치에 따라 자음의 글꼴이 달라지기 때문이에요. 자음의 정확한 생김새를 알고, 글씨를 쓰는 방법에 따라서 반복해서 연습해요. 단모음, 이중모음도 그 생김새를 알고 역시 반복해서 연습해요.

한 글자, 두 글자 글자를 조합해서 쓰세요. 민글자와 받침글자를 연습합니다. 어쩌면 이 단계에서 지루해서 그만두고 싶은 마음이 생길 수 있어요. 하지만 남들이 부러워하는 예쁜 글씨를 쓰게 될 그날을 생각하며 마음을 다잡아봅니다. 한 글자 쓰기로 글꼴을 익히고 나면 글자의 조합을 생각하며 두 글자, 세 글자 쓰기에 도전해봅니다.

두 줄, 세 줄 간단한 문장부터 쓰세요. 단어의 읽힘과 모양을 생각하며 두 줄, 세 줄로 된 문장 쓰기를 합니다. 연필로 흰 공간에 글씨를 쓰는 느낌을 살려보는 것도 좋습니다.

긴 문장으로 작은 글씨도 쓰세요. 글씨는 한 글자 한 글자로 읽는 게 아니고 문장으로 읽히기 때문에 가독성이 중요합니다. 문장으로 된 작은 글씨도 잘 쓰려면 글자의 간격과 띄어쓰기 등 방법이 중요해요.

글씨에 자신감 붙었을 때 선물하세요.

쓰던 글씨체는 잠시 잊으라고 했지만 이제 완전 잊으셔도 좋습니다. 여러분의 글씨체는 이제 바뀌었습니다. 짧은 기간의 놀라운 변화에 당황스럽기도 하지만 이쯤 되면 자꾸만 글씨를 쓰고 싶고 자랑하고 싶습니다. 친구나 가족의 생일이나 기념일에 손편지를 써보는 것도 좋은 방법입니다. 엽서에 "생일 진심 축하해"라고 써서 보내세요. 그것만으로도 당신은 충분히 행복합니다. 글씨를 선물하세요.

| 이렇게 구성되었어요 |

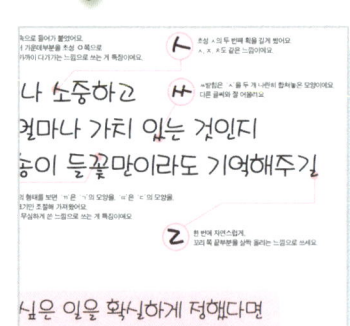

글씨 이야기

글씨를 소개하고 글씨에 대한 이야기를 풀어놓았습니다. 글씨가 어떤 특성을 가졌는지, 어떻게 생겼는지 아름다운 시를 읽으며 미리보기 하는 공간이에요.

자음과 모음, 한 글자 이렇게 쓰세요.

자음, 모음, 받침, 한 글자의 순서로 글씨를 쓰는 공간입니다. 네모 칸에 점선으로 기준선을 제시하여 글자의 균형을 잡으며 쓸 수 있도록 하였습니다. 여러 가지 다양한 글꼴을 따라서 써보고 혼자서도 써볼 수 있도록 하였어요.

두 글자, 세 글자, 네 글자 이렇게 쓰세요.

다양한 글씨를 연습하면서 자신감을 끌어올리는 공간입니다. 글자의 수가 많아질 때 어떻게 써야 하는지 글자의 조합을 배울 수 있어요.

두 줄, 세 줄 문장 이렇게 쓰세요.

네모 칸에서 벗어나 모눈종이 위에 글꼴의 균형을 잡으면서 자유롭게 써보는 공간입니다. 글자 사이의 간격과 전체적인 구성을 배울 수 있어요. 단어쓰기로 지루했던 마음을 달래기 위해 좋은 글을 따라 쓰면서 힐링되도록 하였습니다. 문장에 희망을 담아보세요.

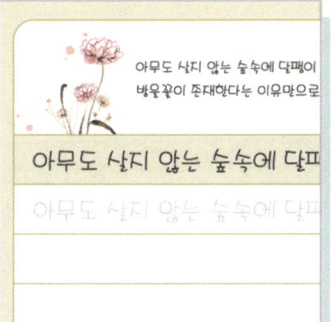

줄노트에 긴 문장 이렇게 쓰세요.

옆 글자와의 간격과 흐름을 생각하며 왼쪽에서 오른쪽으로 가로쓰기를 하는 공간입니다. 작은 글씨를 쓰면서 가독성을 높이는 방법을 배울 수 있어요. '달팽이와 방울꽃의 사랑이야기'를 쓰다보면 예뻐진 자신의 글씨에 한 번 더 놀라게 될 거예요.

엽서와 카드에 마음을 담아 이렇게 쓰세요.

엽서나 카드를 꾸밀 때 어떻게 쓸지 기준을 제시한 공간입니다. 텅 빈 공간에 글씨를 어디서부터 어떻게 쓰면 예쁜지 공간을 활용하는 방법을 알려주었습니다. 자연스럽게 마음을 전하는 방법을 배워보세요.

삶이 위대하고
아름다운 이유는
매일매일 일어나는
작은 일들 때문입니다.

땅의 너그러움은
거름을 자라게 하고
꽃이 자라는 것은
천둥이 아니라 비입니다.

작은 하나하나의
씨앗 속에는
장차 완성될 아름드리나무의
숲이 담겨 있습니다.

귀욤귀욤 손글씨

| 글씨 이야기 |

아주 작아도
괜찮습니다

조그만 신발지 하나와 당신의 자상한 느낌 빗속의 따스한 손길을 원합니다. 단 한 번의 미소, 그런 조그마한 것들이 내게는 정말 소중합니다. 아주 작아도 괜찮습니다. 나는 완전한 것보다 불완전한 것들을 더욱 사랑할 수 있습니다.

동글동글 귀엽고 동화적이며 발랄한 느낌의 글씨체입니다. 누군가를 향한 속마음, 혹여 들킬까? 조심스럽지만 가슴 뛰는 심쿵함, 그 마음 전하기에 아주 좋은 글씨체입니다. 초성은 크고 종성은 작은 생김새를 가졌어요. 크고 동그랗게 쓴 자음에 부드러운 곡선을 품은 모음, 그 아래 짝꿍처럼 붙은 작은 종성의 받침은 글씨의 사랑스러움을 완성시킵니다. 글씨의 특징을 파악하여 또박또박 쓰면 아주 쉽게 나만의 글씨를 만들 수 있어요.

내가 원하는 것은 단지 몇 송이 들꽃뿐입니다.

커다란 붉은 장미 다발도 예쁜 리본도 화려한 장식도
그리고 거짓말도 나는 원하지 않습니다.
나는 그저 두 세 송이의 들꽃과 모래 위의 낙서를 원합니다.

세 잎 클로버도 좋고 시들어가는 낙엽도 좋습니다.
그런 작은 것들이 얼마나 가치 있는 것인지
얼마나 소중하고 얼마나 얻기 어려운 것인지
지금 나는 알고 있습니다.
그대여 먼 훗날, 그저 몇 송이 들꽃만이라도 기억해주길 바랍니다.

| ㅓ | 모음 'ㅓ'가 초성 ㅇ 속으로 들어가 붙었어요.
획은 힘 있게 내려쓰면서 가운데부분을 초성 ㅇ쪽으로
살짝 들어가면서 휘는, 가까이 다가가는 느낌으로 쓰는 게 특징이에요. |

| ㅅ | 초성 'ㅅ'의 두 번째 획을 길게 썼어요.
ㅅ, ㅈ, ㅊ도 같은 느낌이에요. |

| ㅆ | ㅆ받침은 'ㅅ'을 두 개 나란히 합쳐놓은 모양이에요.
다른 글씨와 잘 어울려요. |

얼마나 소중하고
얼마나 가치 있는 것인지
그저 몇 송이 들꽃만이라도 기억해주길

| ㄲ | ㄲ ㄸ ㅃ ㅉ 등 쌍자음의 형태를 보면 'ㄲ'은 'ㄱ'의 모양을, 'ㄸ'은 'ㄷ'의 모양을,
'ㅉ'은 'ㅈ'의 모양을 크기만 조절해 붙여 썼어요.
그런데 'ㅃ'은 한 번에 무심하게 쓴 느낌으로 쓰는 게 특징이에요. |

| ㄹ | 한 번에 자연스럽게,
꼬리 쪽 끝부분을 살짝 올리는 느낌으로 쓰는게
특징이에요. |

하고 싶은 일을 확실하게 정했다면
주저하지 말고 전력 질주하자.

글자들을 하나씩 천천히 보면 전체적으로 매우 안정감이 있어요.
초성의 자음이 아주 두드러지게 크고 획이 단순해서 전체적으로 깔끔하고 감성적인 글씨체입니다.

내가 걷는 길은 험하고 미끄러웠다.
나는 자꾸만 미끄러져 길바닥 위에 넘어지곤 했다.
그러나 나는 곧 기운을 차리고 내 자신에게 말했다.
"괜찮아. 길이 약간 미끄럽긴 하지만 낭떠러지는 아니야."
나는 천천히 걸어가는 사람이다. 그러나 뒤로는 가지 않는다.

자음 이렇게 쓰세요.

한글은 자음과 모음으로 구성되어 있습니다. 그 원칙을 적용해서 자음과 모음을 분리해서 연습하도록 해요. 이 글씨는 크고 동그란 자음의 생김새가 콘셉트입니다.

가	ㄱ	머리 부분을 살짝 들고 아래로 내려 그으며 시작 지점보다 못 미치는 곳에서 마무리한다.
나	ㄴ	굴림 부분을 향해서 바깥쪽으로 굴리며 마무리 획은 들어 올리는 듯 세로획보다 짧게 쓴다.
다	ㄷ	2획으로 쓴다. ①획보다 ②획을 좀 더 길게 빼며 점선부분에 주의해 쓴다.
라	ㄹ	점선부분의 공간비율에 맞춰 3획으로 쓴다.
마	ㅁ	한 번에 네모를 그리듯 아랫부분이 넓다는 느낌으로 쓴다.
바	ㅂ	ㅂ은 획이 많지만 2획으로 쓴다. 획은 둥글게, 가운데는 뚱뚱하게 쓴다.
사	ㅅ	②획의 시작점이 가운데 아래에 위치하게 쓴다.
아	ㅇ	커다랗고 둥글게 쓴다.
자	ㅈ	ㅅ, ㅈ, ㅊ은 형제간이다. ㅅ에 지붕 가로획을 그은 글꼴이다.
차	ㅊ	ㅈ에 짧은 가로 꼭지를 달면 ㅊ이다.
카	ㅋ	ㄱ에 짧은 가로선을 ①획의 시작점과 같게 쓴다.
타	ㅌ	가로획 두 개를 나란히 긋고 가운데 배가 나오도록 둥글리며 ③획을 쓴다.
파	ㅍ	선들이 겹치면서 삐져나오지 않게, ④획은 꼬리부분을 살짝 위로 쓴다.
하	ㅎ	ㅇ과 형제간이다. 꼭지는 세로획, ①획과 ②획이 ㅇ의 폭을 벗어나지 않게 쓴다.

자음의 생김새를 확실하게 익히면 정말 쓰기 쉬워요. 각 자음마다 쓰는 방법을 친절하게 설명하였습니다. 준비되었나요? 그럼 시작해 볼까요?

노	ㄱ	ㄱ에 모음이 아래에 붙은 경우는 길게 아래로 기울여 획을 내려쓰고 둥근 꺾임 뒤에는 획을 짧게 끝낸다.					
노	ㄴ	'나'자의 ㄴ과 같으나 세로획은 짧게, 가로획은 길게 쓴다.					
도	ㄷ	점선부분의 획의 삐침을 확인하고 아래는 둥글게 획을 정리하며 쓴다.					
로	ㄹ	가로로 넙적하게, 점선부분의 공간은 같게 쓴다.					
모	ㅁ	세로획의 왼쪽 기둥은 길게, 오른쪽은 짧게 쓴다.					
보	ㅂ	점선부분을 둥글게, 가운데 획을 긋는 부분이 배부른 모양으로 쓴다.					
소	ㅅ	'사'자의 ㅅ과 다르게 ②획의 시작점이 ①획의 가운데 지점이다.					
오	ㅇ	'아'자의 ㅇ과 같다. 가운데에 둥글게, 한 글자의 3분의 2 크기로 쓴다.					
조	ㅈ	'자'자의 ㅈ과 같은 생김새지만, ②획과 ③획의 시작점과 길이가 다르므로 확인하고 쓴다.					
초	ㅊ	'조'자의 ㅈ에 가로 꼭지를 달아 글꼴을 완성한다.					
코	ㅋ	'고'자의 ㄱ,카의 ㅋ과 생김새가 다르다. ①획의 길이와 꺾임의 기울기가 완만하며 ②획은 직선의 형태다.					
토	ㅌ	'도'자의 ㄷ과 같은 생김새며 점선부분에 주의한다.					
포	ㅍ	속공간이 상당히 넓다. ④획의 꼬리부분이 살짝 올라갔다.					
호	ㅎ	'하'의 ㅎ과 같은 생김새다.					

모음 이렇게 쓰세요.

글씨를 예쁘게 쓰려면 모음을 쓸 때 기술이 들어가야 한다고 생각하지만 의외로 그렇지 않습니다. 자음과 모음의 간격, 길이 등을 먼저 파악하면 됩니다. 모음은 ㅡ와 ㅣ를 쓰는 특징만 알면 쉽게

아	ㅏ	모음 ㅏ는 길지 않은 느낌으로 자음의 4분의 1정도의 공간을 띄고 쓴다.
애	ㅐ	'아' 자를 쓰고 ㅣ를 위아래 조금씩 더 길게 쓴다.
야	ㅑ	'아' 자 쓰는 방법과 같다. 가로획은 세로획을 3등분한 지점에서 시작한다.
얘	ㅒ	'야' 자 쓰는 방법과 같다. ㅣ는 위아래 조금씩 더 길게 ㅑ에 붙여 쓴다.
어	ㅓ	자음 ㅇ안에 모음 ㅓ의 가로획이 들어가 있는 귀여운 글꼴이다. 잘보고 따라 쓴다.
에	ㅔ	'어' 자를 쓰고 ㅣ를 위아래로 조금씩 더 길게 쓴다.
여	ㅕ	'어' 자 처럼 자음 ㅇ안으로 가로획이 들어가지않고 세로획을 3등분한 지점에서 ㅇ에 붙여 쓴다.
예	ㅖ	'여' 자를 쓰고 ㅣ를 위아래로 조금씩 더 길게 쓴다.
오	ㅗ	자음 ㅇ을 떠받든 글꼴이다. ㅗ의 가로획을 ㅇ과 맞춰 붙여 쓴다.
와	ㅘ	모음 ㅗ가 자음 ㅇ안으로 들어간 글꼴이다. ㅗ를 ㄴ을 쓰는 느낌으로 한 번에 쓴다.
왜	ㅙ	'와' 자에 ㅣ를 위아래 조금씩 길게 붙여 쓴다.
외	ㅚ	'와', '왜' 자와 마찬가지로 모음 ㅗ가 ㅇ안으로 들어가는 글꼴이다.
요	ㅛ	'오' 자와 같은 방법으로 쓴다.
우	ㅜ	'오' 자보다 ㅜ의 가로획을 길게 하여 안정감을 주도록 쓴다.

쓸 수 있어요. 귀욤귀욤한 글씨는 ㅡ는 짧게, ㅣ는 조금 길고 부드럽게. 자음과 모음의 간격을 잘 유지해주면 균형 잡힌 예쁜 글씨가 됩니다. 모음을 쓰는 방법을 자세히 설명하였습니다. 천천히 따라서 써보세요.

워	ㅝ	'우'자보다 조금 작게, 모음 ㅓ의 위치를 확인하며 쓴다.	워	워	워	워	워
웨	ㅞ	'워'자에 모음 ㅣ를 위아래 조금씩 길게 쓴다.	웨	웨	웨	웨	웨
위	ㅟ	'우'자를 쓰고 같은 크기로 모음 ㅣ를 옆에 쓴다.	위	위	위	위	위
유	ㅠ	'우'자와 쓰는 방법은 같으며, 모음의 세로획은 3등분한 위치에 쓴다.	유	유	유	유	유
으	ㅡ	자음 ㅇ의 2분의 1 크기만큼의 공간을 띄고 모음 ㅡ를 쓴다.	으	으	으	으	으
의	ㅢ	모음 ㅡ와 ㅣ를 붙여 쓴다.	의	의	의	의	의
이	ㅣ	모음 ㅣ는 세로로 부드럽게, 곧은 직선의 세로획이 아닌 시작점에서 살짝 모음을 향해 휜곡선으로 쓴다.	이	이	이	이	이

연습 공간입니다.

워
왜
위
유
의
이

쌍받침, 겹받침 이렇게 쓰세요.

쌍받침, 겹받침 쓰기는 한 글자 쓰기를 한 후에 다시 돌아와 쓸 것을 권합니다. 한글의 구성이 초성과 중성 그리고 종성으로 이루어졌기 때문에 이곳에서 종성인 받침을 설명하고 넘어가기 위하여 쌍받침과 겹받침 연습공간을 마련하였습니다.

밖	ㄲ	ㄱ 두 개를 나란히, 공간을 두고 뒤에 붙은 ㄱ을 조금 크게 쓴다.					
없	ㅆ	초성 ㅅ과 같은 생김새로 쓴다. ㅅ 두 개를 나란히 쌍둥이처럼 붙여 쓴다.					
못	ㄱㅅ	ㄱ과 ㅅ을 서로 공간을 두고 등을 기대선 모양으로 같은 크기로 쓴다.					
앉	ㄴㅈ	ㄴ의 가로획이 ㅈ에 묻히듯 작게 쓰면 더욱 예쁘다.					
끊	ㄴㅎ	ㄴ을 ㅎ보다 작게 써야 글꼴이 예쁘다. ㅎ의 꼭지는 세로획이다.					
흙	ㄹㄱ	ㄹ의 생김새가 알파벳 z를 쓰는 느낌이다. ㄹ과 ㄱ 각각 한 획으로 쓴다.					
삶	ㄹㅁ	ㅁ의 아랫부분을 좀 더 넓게, ㄹ과 나란히 쓴다.					
짧	ㄹㅂ	ㅂ은 2획으로 둥글게 쓰면서 ㄹ과 크기를 맞춰서 쓴다.					
곬	ㄹㅅ	받침 ㄹ과 ㅅ을 쓰는 방법으로 공간을 두고 나란히 쓴다.					
핥	ㄹㅌ	받침 ㅌ은 초성 ㅌ과 글꼴은 같지만 크기가 작으므로 좀 더 둥글게 쓴다.					
읊	ㄹㅍ	ㅍ은 가로획이 길지 않다. ㄹ과 높이도 같다.					
잃	ㄹㅎ	ㄹ과 ㅎ을 서로 공간을 두고 붙여 쓴다. ㅎ의 꼭지는 세로획이다.					
값	ㅂㅅ	ㅂ과 ㅅ을 서로 공간을 두고 같은 크기로 쓴다. ㅂ은 2획으로 둥글게 쓴다.					

이 글씨체는 초성 자음은 크고, 종성 받침은 작은 생김새를 가졌습니다. 두 개의 자음으로 이루어진 받침은 글자의 3분의 1 정도를 차지하며, 앞의 자음이 뒤의 자음과 크기가 같거나 약간 작습니다. 받침이 자음과 모음 아래 짝꿍처럼 작게 붙은 생김새가 글씨에 사랑스러움을 더했습니다.

밖
엮
묶
앉
끊
핥
삶
짧
곬
핥
읊
앓
갚

한 글자 이렇게 쓰세요(받침 ㄱ부터 ㅎ까지).

이제부터 한 글자 쓰기를 할 거예요. 앞에서 자음과 모음 쓰기를 열심히 했기 때문에 글꼴을 만들어 본격적으로 글씨를 쓰려고 하니 '정말 잘 써질까?' 하는 생각에 의심도 되고 기대도 될 거예요.

각
건
굳
갈
글
곰
굽
긴
경
갖
꽃
곁
김
강

잘 쓸 수 있다는 믿음을 가지고 받침 ㄱ부터 ㅎ까지 들어간 한 글자로 된 다양한 글꼴을 연습해보세요. 각 글꼴의 특징을 파악하면서 쓰면 쉽게 따라 쓸 수 있습니다(한 글자의 나열순서는 종성 받침을 기준으로 하였습니다).

낙	낙	낙	낙									
눆	눆	눆	눆									
년	년	년	년									
낟	낟	낟	낟									
널	널	널	널									
냠	냠	냠	냠									
납	납	납	납									
냇	냇	냇	냇									
눙	눙	눙	눙									
늦	늦	늦	늦									
낯	낯	낯	낯									
낱	낱	낱	낱									
놉	놉	놉	놉									
낳	낳	낳	낳									

| 닥 |
| 던 |
| 돋 |
| 둘 |
| 뛸 |
| 됨 |
| 답 |
| 댓 |
| 뚜 |
| 등 |
| 닻 |
| 닺 |
| 덮 |
| 당 |

락											
력											
론											
린											
를											
렴											
렵											
릅											
랜											
럿											
롱											
링											
람											
랗											

맞
먼
물
민
말
몇
몸
밉
못
명
맺
몇
맡
맣

박	박	박	박
번	번	번	번
붇	붇	붇	붇
별	별	별	별
불	불	불	불
밤	밤	밤	밤
법	법	법	법
빗	빗	빗	빗
벙	벙	벙	벙
봉	봉	봉	봉
벚	벚	벚	벚
빛	빛	빛	빛
밭	밭	밭	밭
빵	빵	빵	빵

삭	삭	삭	삭								
석	석	석	석								
선	선	선	선								
쏜	쏜	쏜	쏜								
술	술	술	술								
살	살	살	살								
쉼	쉼	쉼	쉼								
삽	삽	삽	삽								
샀	샀	샀	샀								
생	생	생	생								
숯	숯	숯	숯								
샅	샅	샅	샅								
숲	숲	숲	숲								
쌍	쌍	쌍	쌍								

| 악 |
| 원 |
| 운 |
| 얼 |
| 알 |
| 울 |
| 암 |
| 압 |
| 옌 |
| 왕 |
| 웅 |
| 엊 |
| 얕 |
| 앞 |

작
째
전
촐
출
잼
쯤
줍
짓
중
짱
짚
쫄
찡

착	착	착	착								
축	축	축	축								
천	천	천	천								
춘	춘	춘	춘								
찰	찰	찰	찰								
출	출	출	출								
참	참	참	참								
춈	춈	춈	춈								
챕	챕	챕	챕								
첩	첩	첩	첩								
첟	첟	첟	첟								
창	창	창	창								
층	층	층	층								
찾	찾	찾	찾								

칼
콕
컨
켠
컫
칼
콜
큼
킴
컵
킵
콕
캥
킹

팍	팍	팍	팍						
편	편	편	편						
폰	폰	폰	폰						
팔	팔	팔	팔						
펼	펼	펼	펼						
펌	펌	펌	펌						
폼	폼	폼	폼						
팜	팜	팜	팜						
핍	핍	핍	핍						
폿	폿	폿	폿						
풋	풋	풋	풋						
팡	팡	팡	팡						
펑	펑	펑	펑						
팥	팥	팥	팥						

학	학	학	학							
헌	헌	헌	헌							
흘	흘	흘	흘							
할	할	할	할							
훌	훌	훌	훌							
함	함	함	함							
힘	힘	힘	힘							
합	합	합	합							
힙	힙	힙	힙							
핫	핫	핫	핫							
핸	핸	핸	핸							
향	향	향	향							
훙	훙	훙	훙							
홑	홑	홑	홑							

두 글자, 세 글자, 네 글자 이렇게 쓰세요.

한 글자 쓰기로 예쁜 글씨를 쓸 수 있다는 기쁨에 자신감이 생겼습니다. 이제 두 글자, 세 글자, 네 글자 단어 쓰기에 도전을 시작합니다. 단어 쓰기는 글자의 조합이 가장 중요합니다.

글씨가 '예쁘다, 예쁘지 않다' 말하는 것도 글씨에 표정과 느낌이 있기 때문입니다. 한 글자가 서로 만나 단어가 되는 조합을 연습하는 공간입니다. 보기만 해도 예쁜 글씨입니다. 빨리 써보기로 해요.

선물

웃음

희망

꽃잎

 세 글자

솜사탕 솜사탕 솜사탕
솜사탕 솜사탕 솜사탕

달콤해 달콤해 달콤해
달콤해 달콤해 달콤해

봄내음 봄내음 봄내음
봄내음 봄내음 봄내음

빗방울 빗방울 빗방울
빗방울 빗방울 빗방울

오	솔	길

오솔길 오솔길
오솔길 오솔길 오솔길

좋	은	날

좋은날 좋은날
좋은날 좋은날 좋은날

옹	달	샘

옹달샘 옹달샘
옹달샘 옹달샘 옹달샘

바	람	꽃

바람꽃 바람꽃
바람꽃 바람꽃 바람꽃

 네 글자

딸기소녀

딸기소녀 딸기소녀

딸기소녀

상큼발랄

상큼발랄 상큼발랄

상큼발랄

하늘색꿈

하늘색꿈 하늘색꿈

하늘색꿈

금빛모래

금빛모래 금빛모래

금빛모래 금빛모래

풀잎이슬 풀잎이슬
풀잎이슬 풀잎이슬

초록잔디 초록잔디
초록잔디 초록잔디

천사 날개 천사날개
천사날개 천사날개

꽃 한 송이 꽃한송이
꽃한송이 꽃한송이

두 줄, 세 줄 문장 이렇게 쓰세요.

두 줄, 세 줄 문장 쓰기는 단어 쓰는 방법과 비슷합니다. 글자 수가 많아졌다고 주춤할 필요는 없습니다. 자음과 모음의 크기, 위치, 어떤 공간에 쓸 것인가를 고려하면 됩니다.

계획대로 안됐다고
최고의 날이
아닌 건 아니야

초록초록한 여름이
벌써부터 그리워요

전체적인 구성도 생각하며 두 줄, 세 줄 문장 쓰기를 연습하는 공간입니다. 글씨의 크기로 강약을 주면 마음을 표현하는 데 더욱 효과적입니다. 여기서는 자유로운 공간에 한 글자 한 글자 또박또박 써보기로 해요.

물위에 떠 있는
 연꽃처럼
  세상을 즐겨라

절신함이
 큰사람을 만든다

인생에
　　등불 하나씩
　있으면 좋겠다

힘들면
　잠시 쉬어가도
　　괜찮아

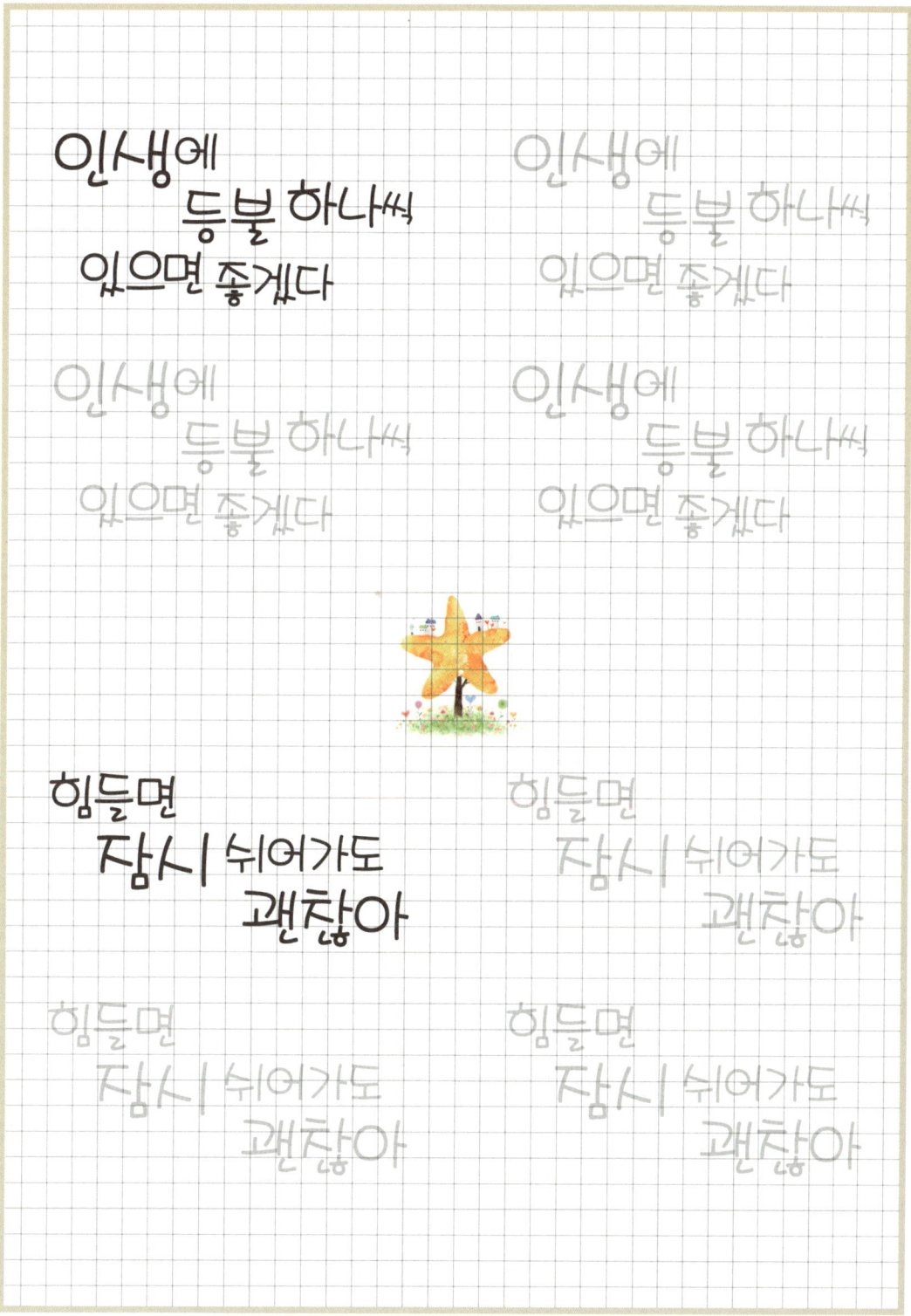

흐린 날이라고 해도
종일 비가
계속되지는 않아요

오늘이
　가장 아름답고
해복한 날이에요

세상에서
가장 소중한 사람은
바로 당신입니다

세상에서
가장 소중한 사람은
바로 당신입니다

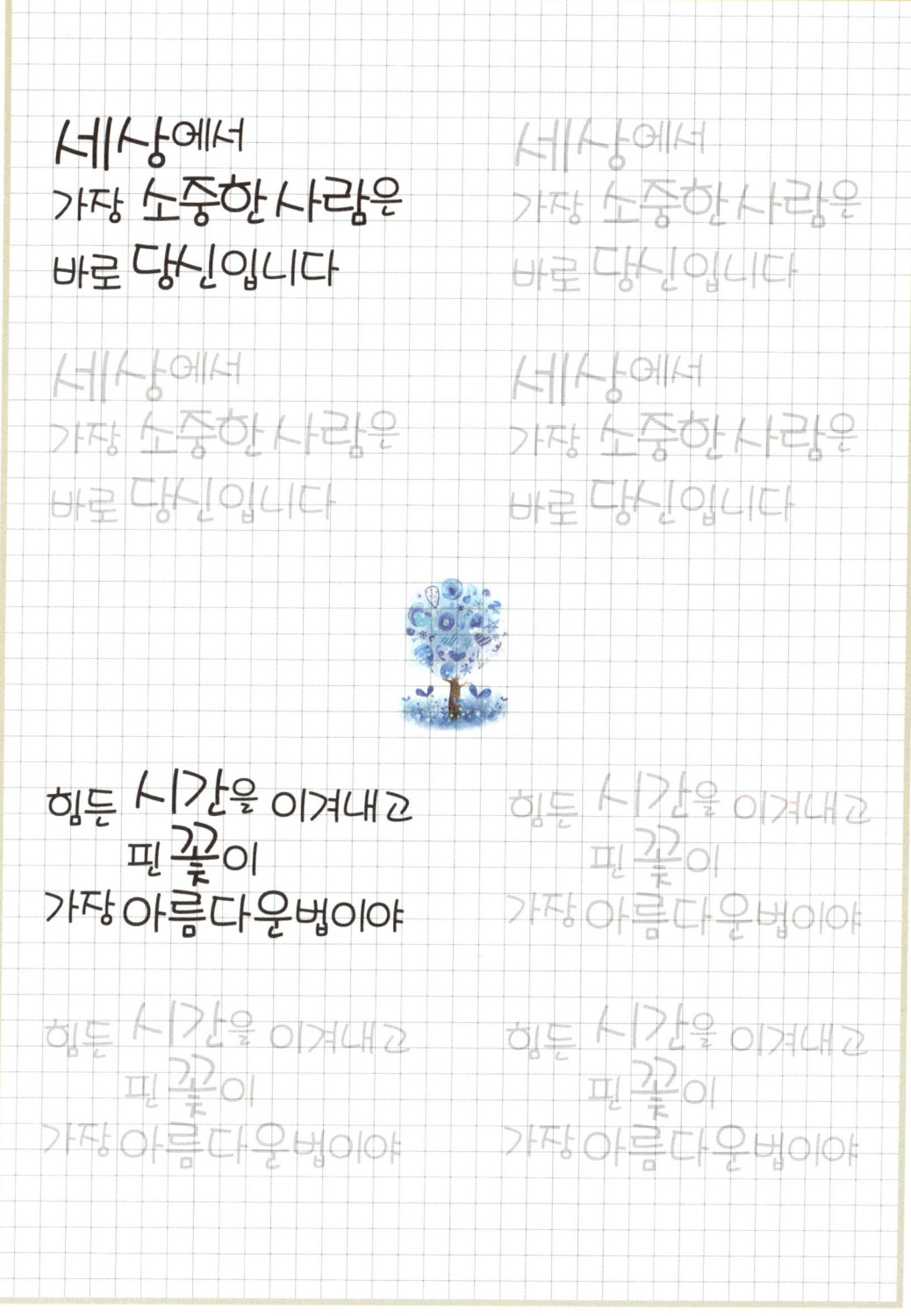

힘든 시간을 이겨내고
핀 꽃이
가장 아름다운 법이야

힘든 시간을 이겨내고
핀 꽃이
가장 아름다운 법이야

줄노트에 긴 문장 이렇게 쓰세요.

글씨는 왼쪽에서 오른쪽으로 쓰는 가로쓰기의 형태가 일반적입니다. 문장 쓰기는 전체적인 구성과 글씨의 흐름이 매끄러워야 잘 쓴 글씨라는 느낌이 듭니다. 글자와의 간격, 띄어쓰기를 생각하며

아무도 살지 않는 숲속에 달팽이 한 마리와 방울꽃이 살았습니다. 달팽이는 세상에 방울꽃이 존재한다는 이유만으로도 기뻤습니다. 달팽이는 매일 아침 큰 바위

아무도 살지 않는 숲속에 달팽이 한 마리와 방울꽃이

살았습니다. 달팽이는 세상에 방울꽃이 존재한다는

이유만으로도 기뻤습니다. 달팽이는 매일 아침 큰 바위

쓰는 것이 중요합니다. 글자와 글자 사이의 적절한 간격은 가독성을 높여줄 뿐만 아니라 아름다움을 더해줍니다. 지금까지는 큰 글씨 쓰기를 했다면 이제부터는 작은 글씨 쓰기에도 도전해보세요.

두 개를 넘어 방울꽃 옆으로 다가가 속삭였습니다. "이슬 한 방울만 마셔도 되나요?" 비바람이 부는 날에 바위 밑에서 잠 못 들고, 햇볕이 내리쬐는 날에 몸이

두 개를 넘어 방울꽃 옆으로 다가가 속삭였습니다.

두 개를 넘어 방울꽃 옆으로 다가가 속삭였습니다.

"이슬 한 방울만 마셔도 되나요?" 비바람이 부는 날에

"이슬 한 방울만 마셔도 되나요?" 비바람이 부는 날에

바위 밑에서 잠 못 들고, 햇볕이 내리쬐는 날에 몸이

바위 밑에서 잠 못 들고, 햇볕이 내리쬐는 날에 몸이

 마르도록 방울꽃 곁에 있는 것이 달팽이의 사랑이라는 것을 방울꽃은 몰랐습니다. 숲에는 노란 날개를 가진 나비가 날아왔습니다. 방울꽃은 노란 나비를

마르도록 방울꽃 곁에 있는 것이 달팽이의 사랑이라는

것을 방울꽃은 몰랐습니다. 숲에는 노란 날개를 가진

나비가 날아왔습니다. 방울꽃은 노란 나비를

좋아했습니다. 달팽이에게 이슬을 주던 방울꽃이 나비에게 꿀을 주었을 때에도 달팽이는 방울꽃이 즐거워하는 것만으로도 행복했습니다. 방울꽃 꽃잎

좋아했습니다. 달팽이에게 이슬을 주던 방울꽃이

나비에게 꿀을 주었을 때에도 달팽이는 방울꽃이

즐거워하는 것만으로도 행복했습니다. 방울꽃 꽃잎

 하나가 짙은 아침 안개 속에 떨어지던 어느 날, 나비는 바람이 차가워진다며 노란 날개를 팔랑거리며 떠나갔습니다. 나비를 보내고 슬퍼하는 방울꽃을 보며

하나가 짙은 아침 안개 속에 떨어지던 어느 날, 나비는

바람이 차가워진다며 노란 날개를 팔랑거리며

떠나갔습니다. 나비를 보내고 슬퍼하는 방울꽃을 보며

달팽이가 흘리는 작은 눈물방울이 사랑이라는 것을, 나비가 떠난 밤에 방울꽃 주변을 자지 않고 맴돌던 것이 달팽이의 사랑이라는 것을 방울꽃은 몰랐습니다.

달팽이가 흘리는 작은 눈물방울이 사랑이라는 것을,

나비가 떠난 밤에 방울꽃 주변을 자지 않고 맴돌던 것이

달팽이의 사랑이라는 것을 방울꽃은 몰랐습니다.

꽃잎이 바람에 다 떨어져버리고 방울꽃도 씨앗이 되어 땅위에 떨어져버린 날, 흙을 곱게 덮어주며 달팽이는 말해습니다. "당신을 기다려도 되나요?"

꽃잎이 바람에 다 떨어져버리고 방울꽃도 씨앗이 되어

땅위에 떨어져버린 날, 흙을 곱게 덮어주며 달팽이는

말해습니다. "당신을 기다려도 되나요?"

씨앗이 된 방울꽃은 그제야 달팽이가 자기를 사랑하고 있다는 것을 알게 되었습니다.
어느 따뜻한 봄날 아침, 꽃을 피운 방울꽃은 달팽이를 향해 환하게 웃었습니다.

씨앗이 된 방울꽃은 그제야 달팽이가 자기를 사랑하고

있다는 것을 알게 되었습니다. 어느 따뜻한 봄날 아침,

꽃을 피운 방울꽃은 달팽이를 향해 환하게 웃었습니다.

 **엽서와 카드에 마음을 담아 이렇게 쓰세요.**
글씨를 쓸 때 글이 시작되는 곳과 끊어지는 곳에서 자음의 크기나 모음의 가로획과 세로획의 길이에 살짝 변화를 주어도 좋습니다.

하쿠나 마타타
괜찮아. 다 잘 될 거야
  조금만 기다려
 움츠렸던 네 인생
  봄꽃처럼 활짝 필거야
화이팅!!!

각 행의 시작점을 다르게 하면 좀 더 자연스러운 한 덩어리의 문장을 만들 수도 있습니다. 가까운 사람에게 마음을 담아 엽서나 카드를 꾸밀 때 이렇게 쓰면 좋아요.

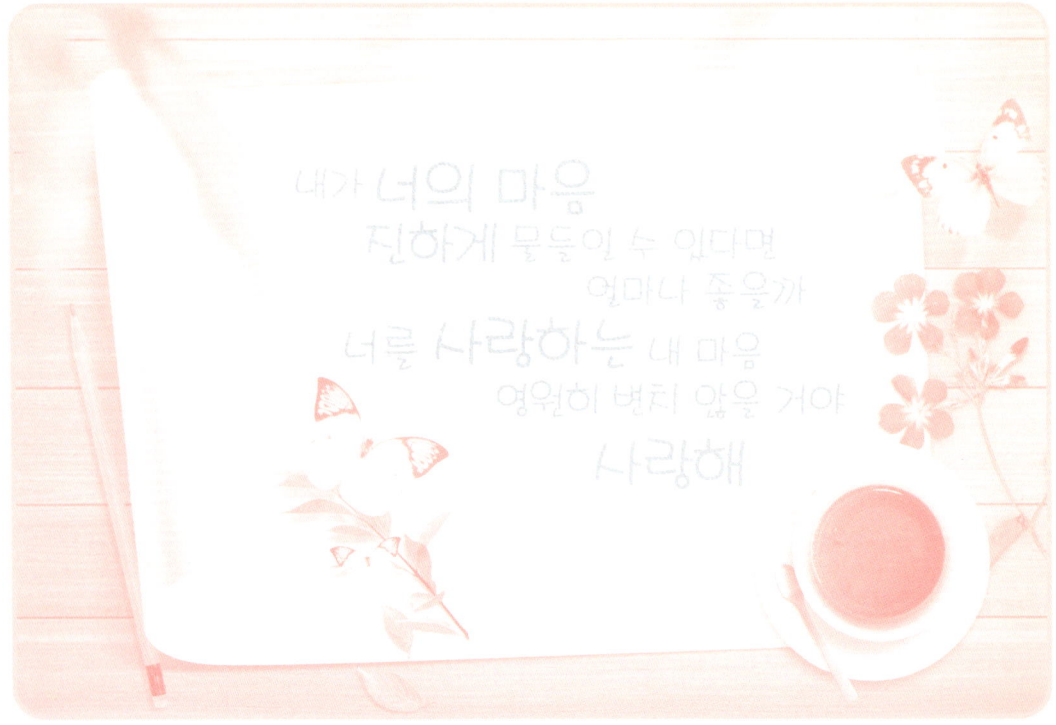

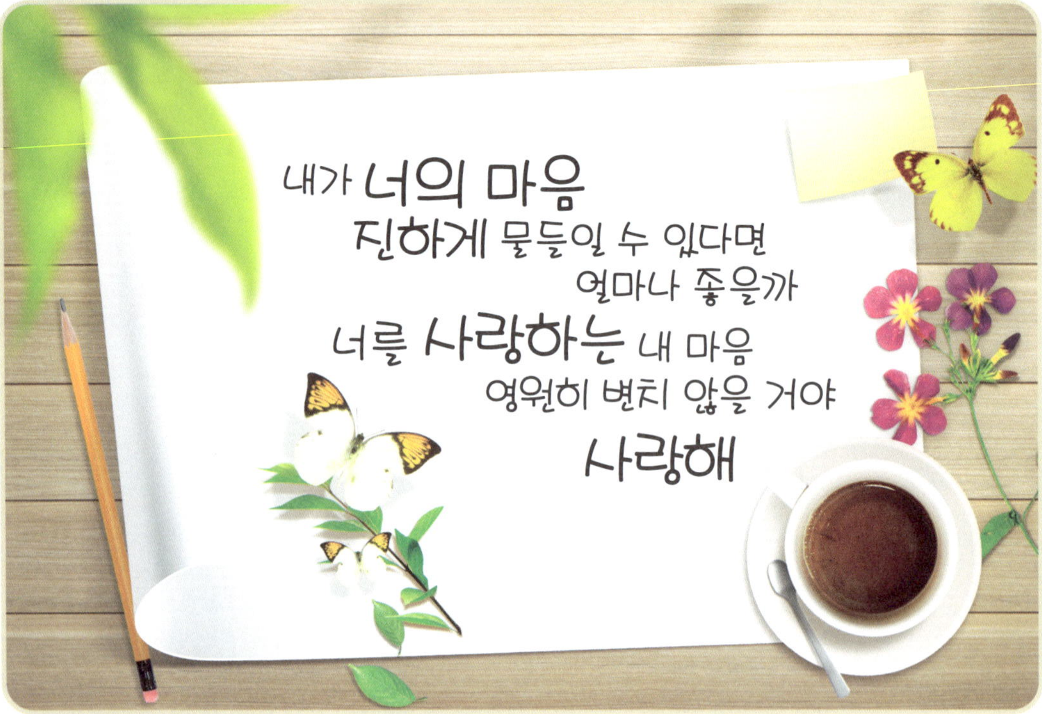
내가 너의 마음
진하게 물들일 수 있다면
얼마나 좋을까
너를 사랑하는 내 마음
영원히 변치 않을 거야
사랑해

내가 너의 마음
진하게 물들일 수 있다면
얼마나 좋을까
너를 사랑하는 내 마음
영원히 변치 않을 거야
사랑해

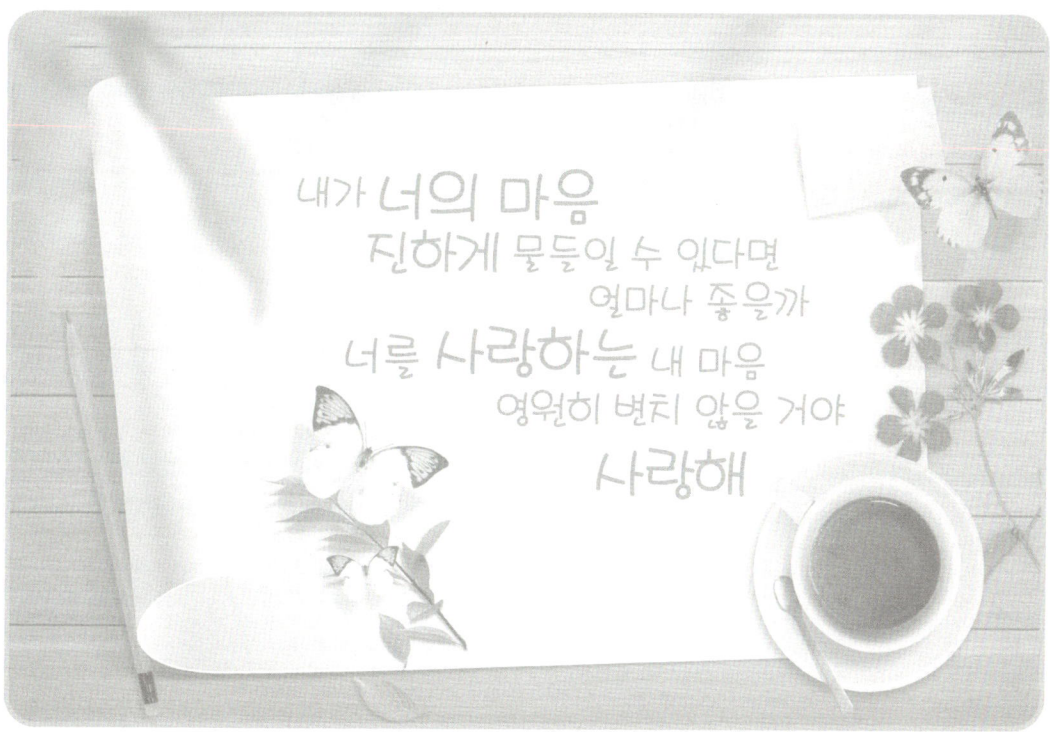

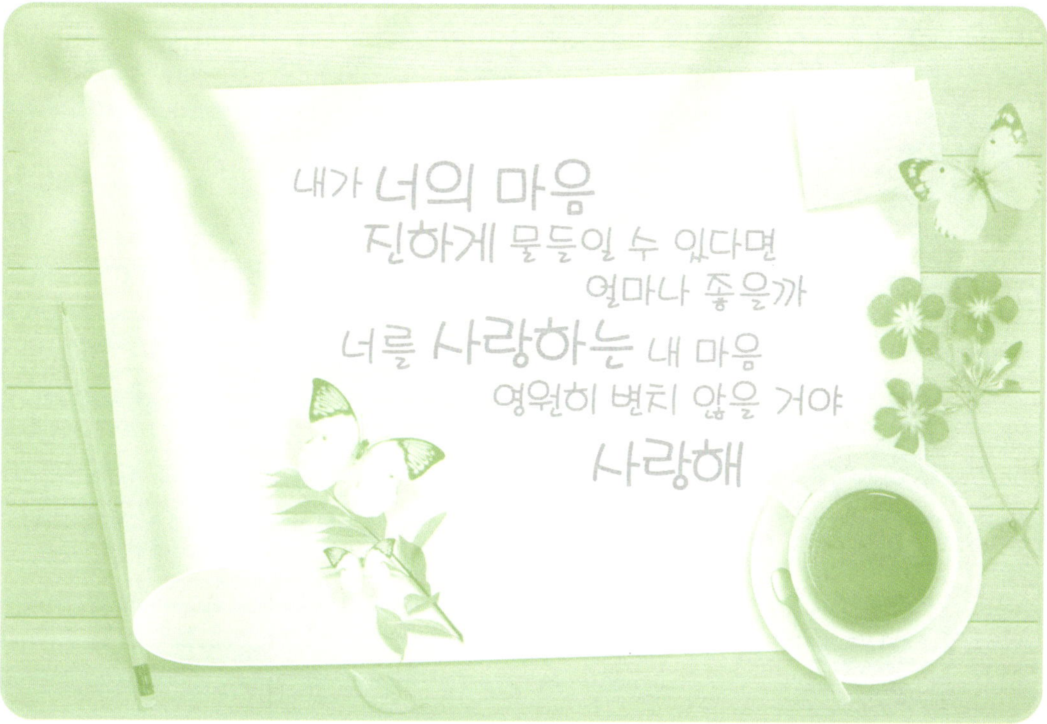
내가 너의 마음
진하게 물들일 수 있다면
얼마나 좋을까
너를 사랑하는 내 마음
영원히 변치 않을 거야
사랑해

내가 너의 마음
진하게 물들일 수 있다면
얼마나 좋을까
너를 사랑하는 내 마음
영원히 변치 않을 거야
사랑해

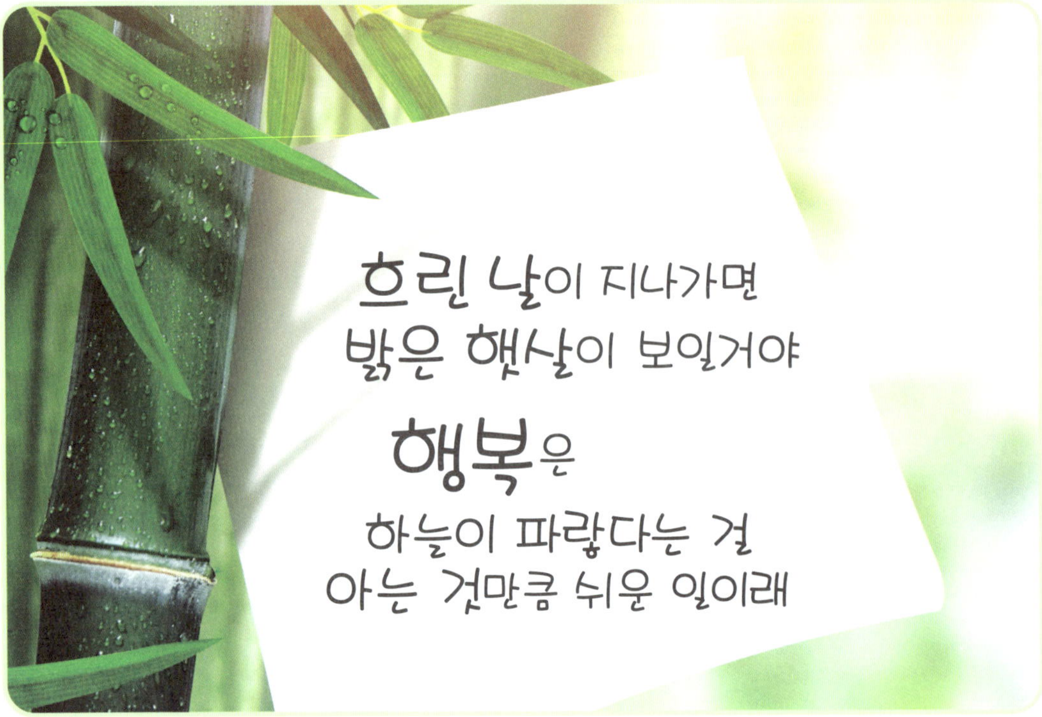

흐린 날이 지나가면
밝은 햇살이 보일거야

행복은
하늘이 파랗다는 걸
아는 것만큼 쉬운 일이래

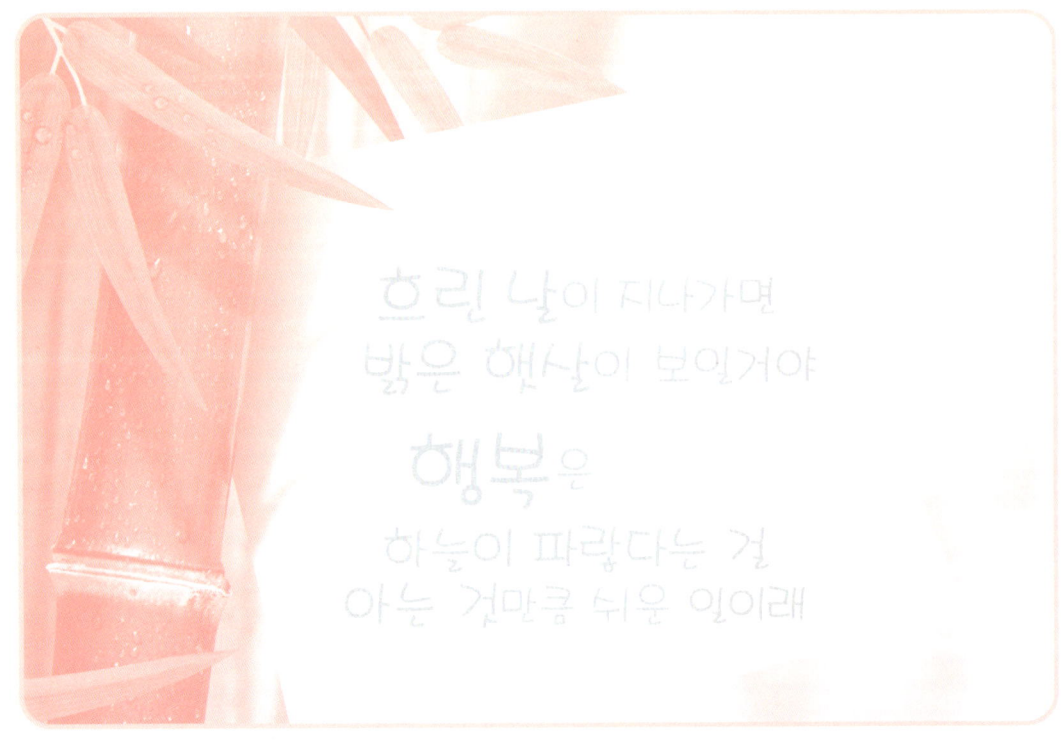

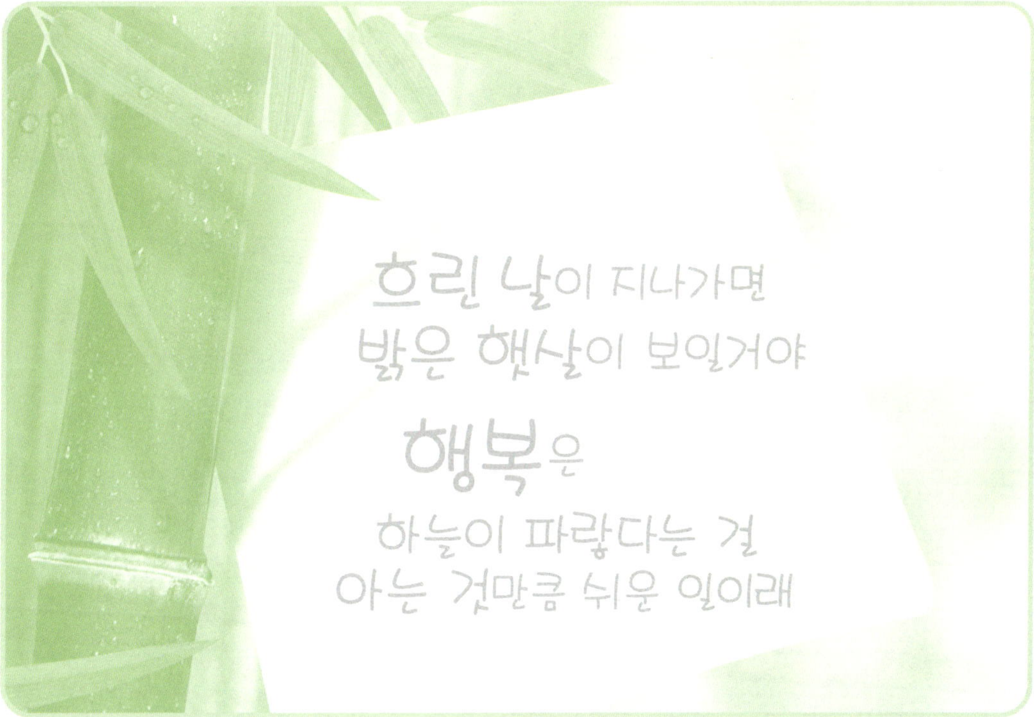

흐린 날이 지나가면
밝은 햇살이 보일거야

행복은
하늘이 파랗다는 걸
아는 것만큼 쉬운 일이래

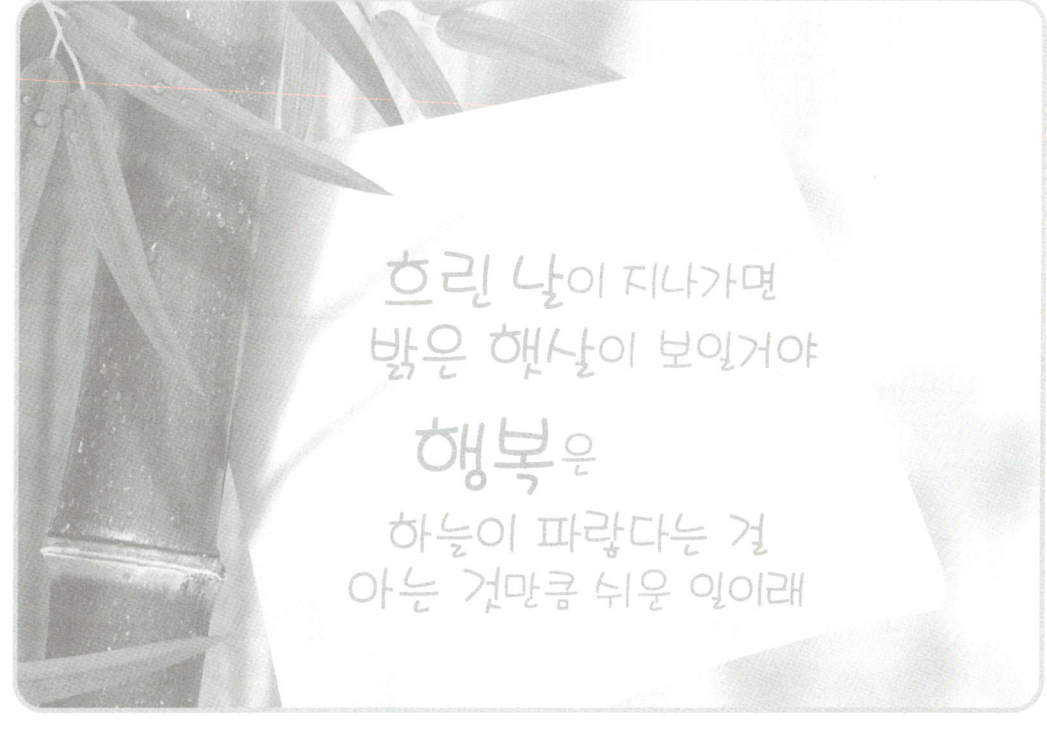

흐린 날이 지나가면
밝은 햇살이 보일거야

행복은
하늘이 파랗다는 걸
아는 것만큼 쉬운 일이래

작은 일에도
기뻐하고 감격할 수 있는
그런 촉촉한 사람이
진정 좋습니다.

아무리 어둡고
험난한 길이라도
아무도 걸어본 적이 없는
그런 길은 없습니다

아침은 저녁을 향해 나아가고
저녁은 아침을 향해 나아가고
모든 것은 끊임없이 돌고 돕니다.

| 글씨 이야기 |

별을 노래하는 마음으로

나는 별하나에 아름다운 말 한마디씩 불러봅니다.

죽는 날까지 하늘을 우러러
　　　한 점 부끄럼이 없기를

　잎새에 이는 바람에도
　나는 괴로워했다.

　　　　별을 노래하는 마음으로
　모든 죽어가는 것을 사랑해야지.

이번에 소개하는 글씨는 반듯반듯 정자체입니다. 한눈에 보아도 깔끔하고 매력적이라는 느낌이 들어요. 지금까지 알고 있던 정자체에 현대적 이미지를 반영한 남녀 모두가 좋아하고 쉽게 따라 쓸 수 있는 심플한 글씨체입니다. 한 글자 한 글자 또박또박 써 내려가면 단정한 느낌 때문에 어느 상황에서나 편안하게 쓸 수 있어요. 안정적인 느낌의 반듯반듯 글씨체는 문장에 자연스러움을 더해 가독성이 높다는 장점을 가졌어요. 명쾌한 세리프로 밝고 깨끗한 느낌을 전하며 맵시를 한껏 더했습니다.

얼마나 소중하고 얼마나 가치 있는 것인지
그저 몇 송이 들꽃만이라도 기억해주길

세리프가 있는 멋진 글꼴입니다. ㅁ의 가로와 세로줄기 사이에 공간을 비워 자연스럽게 썼어요. 맺음부분에 돌기가 있어요. ㅁ의 속공간이 넓어 시원하고 안정감이 있어요. ㅂ도 ㅁ과 같은 글꼴이에요.

자음 ㅅ, ㅈ, ㅊ은 모양도 쓰는 방법도 비슷한 형제간입니다. ㅅ의 삐침획 첫돌기에 세리프가 있어 매력적이에요. ㅅ에 가로획을 얹으면 ㅈ, ㅈ에 가로 꼭지를 달면 ㅊ이 됩니다. 어렵지 않게 자연스럽게 쓴 정체의 멋글씨입니다.

ㅇ과 ㅎ의 동그라미에는 상투(꼭지)가 없는 게 특징이에요. 동그라미를 단순화시켜서 귀여움을 더했어요. ㅎ의 꼭지는 가로획이에요. ㄲ은 똑같은 ㄱ 두 개를 나란히 쓰면 됩니다. 같은 크기의 ㄱ은 붙이지 않고 자간을 살짝 떨어뜨려 쓰세요.

하고 싶은 일을 확실하게 정했다면 주저하지 말고 전력 질주하자.

초성, 중성, 종성이 어느 하나 크지도 작지도 않게 한 글자 안에서 서로 조화를 이루고 있어요.
글줄 안에서 높낮이가 일정하고 반듯해서 따라 쓰기 정말 좋은 글씨체입니다.

내가 걷는 길은 험하고 미끄러웠다.
나는 자꾸만 미끄러져 길바닥 위에 넘어지곤 했다.
그러나 나는 곧 기운을 차리고 내 자신에게 말했다.
"괜찮아. 길이 약간 미끄럽긴 하지만 낭떠러지는 아니야."
나는 천천히 걸어가는 사람이다. 그러나 뒤로는 가지 않는다.

자음 이렇게 쓰세요.

한글은 자음과 모음으로 구성되어 있습니다. 그 원칙을 적용해서 자음과 모음을 분리해서 연습하도록 해요. 이 글씨는 자음의 굴림이 매끄럽고 ㅁ과 ㅇ의 속공간이 넓어요.

가	ㄱ	한 번에 부드럽게, 45도 각도로 삐침획을 길게 내려 쓴다. 부드러운 곡선의 느낌이다.	ㄱ	ㄱ	ㄱ	ㄱ	ㄱ
나	ㄴ	세로획 첫돌기에 장식 세리프를 달아 살짝 꺾어 쓴다.	ㄴ	ㄴ	ㄴ	ㄴ	ㄴ
다	ㄷ	점선부분의 생김새에 집중해 쓴다.	ㄷ	ㄷ	ㄷ	ㄷ	ㄷ
라	ㄹ	자음 ㄷ에 ㄱ을 올려놓은 생김새. 점선부분 획의 포인트에 집중해 쓴다.	ㄹ	ㄹ	ㄹ	ㄹ	ㄹ
마	ㅁ	세 번에 나눠 쓴 네모반듯한 생김새. 속공간이 넓다.	ㅁ	ㅁ	ㅁ	ㅁ	ㅁ
바	ㅂ	세로획에 모두 세리프가 달렸다. 귀여운 삐침 장식을 정확하게 쓴다.	ㅂ	ㅂ	ㅂ	ㅂ	ㅂ
사	ㅅ	삐침획에 세리프 장식을 달고 비스듬히 내려쓴다. ①획의 중간보다 위 지점에서 ②획을 시작한다.	ㅅ	ㅅ	ㅅ	ㅅ	ㅅ
아	ㅇ	좌우상하 동그랗게 쓴다. 장식 없는 귀여운 동그라미다.	ㅇ	ㅇ	ㅇ	ㅇ	ㅇ
자	ㅈ	'사' 자의 ㅅ에 지붕 가로획을 올리는 느낌으로 쓴다.	ㅈ	ㅈ	ㅈ	ㅈ	ㅈ
차	ㅊ	'자' 자의 ㅈ에 가로 꼭지를 완성하면 ㅊ이 된다.	ㅊ	ㅊ	ㅊ	ㅊ	ㅊ
카	ㅋ	'가' 자의 ㄱ 안에 짧은 가로획을 ①획의 길이와 같게 쓴다.	ㅋ	ㅋ	ㅋ	ㅋ	ㅋ
타	ㅌ	'다' 자의 ㄷ 중간에 같은 길이로 가로획을 쓴다.	ㅌ	ㅌ	ㅌ	ㅌ	ㅌ
파	ㅍ	획이 많지만 선들이 겹치지 않게 공간을 남겨두고 쓰는 것에 집중한다.	ㅍ	ㅍ	ㅍ	ㅍ	ㅍ
하	ㅎ	ㅇ과 형제간이다. 꼭지는 가로획으로 쓴다.	ㅎ	ㅎ	ㅎ	ㅎ	ㅎ

세로획과 가로획이 반듯반듯하고 세리프가 있는 게 특징이에요. 초성 자음을 확실하게 연습하면 글씨 쓰기에 자신감이 생겨날 거예요. 각 자음마다 쓰는 방법을 자세히 설명하였습니다. 그럼 함께 시작해볼까요?

고	ㄱ	ㄱ 아래에 모음이 붙은 경우는 세로획을 짧게 쓴다.					
노	ㄴ	ㄴ의 세로획 첫돌기에 세리프 장식을 자연스럽게 꺾어 쓰고, 가로획은 길게 써서 안정감을 준다.					
도	ㄷ	점선부분에 집중하면서 ①획과 ②획의 길이를 같게 쓴다.					
로	ㄹ	ㄹ의 속공간을 같은 넓이로 쓴다. ㄷ에 ㄱ을 올려놓은 생김새다.					
모	ㅁ	'마' 자의 ㅁ과 다르다. ㅁ의 네모 모양을 가로로 길게 쓴다.					
보	ㅂ	세로획 두 개에 세리프를 달고 점선부분의 공간을 확인하며 4획으로 정확하게 쓴다.					
소	ㅅ	좌우대칭이 되는 느낌으로 ②획의 시작지점을 확인하고 쓴다.					
오	ㅇ	ㅇ을 좌우상하 동그랗게 쓴다. 장식 없는 귀여운 동그라미다.					
조	ㅈ	'자' 자의 삐침획보다 짧게 내려쓴다. ㅅ에 가로획을 얹은 모양이다.					
초	ㅊ	'조' 자의 ㅈ에 가로획의 꼭지를 달아 완성한다.					
코	ㅋ	'고' 자의 ㄱ 세로획 중간지점에 가로획을 ①획의 가로획과 같은 길이로 쓴다.					
토	ㅌ	'도' 자의 ㄷ 세로획 중간지점에 가로획을 ①획의 가로획과 같은 길이로 쓴다.					
포	ㅍ	'파' 자의 ㅍ과 같은 생김새다. 획이 많으므로 집중해 쓴다.					
호	ㅎ	ㅇ에 장식 없는 깔끔한 생김새로, 안정감을 주기 위해 ㅎ의 갓머리 ②획을 좀 더 길게 쓴다.					

모음 이렇게 쓰세요.

모음을 쓸 때 자음과의 간격을 얼마나 벌려야 할지, 모음의 길이는 얼마나 해야 할지 고민이 됩니다. 글씨를 예쁘게 쓰려면 자음과 모음의 균형, 간격, 길이 모두 고려해야 해요. 특히 이 글씨체는 세리프가

아	ㅏ	ㅇ의 2분의 1공간만큼 비우고 세로획 첫돌기에 세리프 꺾기를 한 후 곧게 아래로 내려쓴다.
애	ㅐ	'아' 자에 ㅣ를 좀 더 길게, 곧게 내려쓴다.
야	ㅑ	'아' 자와 쓰는 방법은 같다. 곁줄기 가로획은 세로획을 3등분하여 균형 있게 쓴다.
얘	ㅒ	'야' 자에 ㅣ를 좀 더 길게, 곧게 내려쓴다.
어	ㅓ	곁줄기 가로획은 자음 ㅇ의 2분의 1 길이로 중간지점에 붙여 쓴다.
에	ㅔ	모음 ㅓ의 가로획보다 2분의 1 길이로 짧게, 세로획 ㅣ는 가로획만큼 띄고 좀 더 길게 쓴다.
여	ㅕ	'어' 자와 같은 방법으로 쓴다. 가로획 두 개는 ㅇ의 중간을 향해 쓴다.
예	ㅖ	모음 ㅕ의 가로획보다 짧게, ㅣ는 가로획만큼 띄고 좀 더 길게 쓴다.
오	ㅗ	ㅇ에 반듯한 직각의 모음 ㅗ를 붙여 쓴다.
와	ㅘ	모음 ㅗ의 끝부분에 점선처럼 이음줄기를 길게 빼서 ㅏ와 자연스럽게 붙여 쓴다.
왜	ㅙ	'와' 자에 모음 ㅣ를 위아래 좀 더 길게 붙여 쓴다.
외	ㅚ	'와' 자와 같은 방법으로 쓴다.
요	ㅛ	모음 ㅗ와 다르게 ㅛ에는 세로획에 세리프 있는 생김새로 쓴다.
우	ㅜ	모음 ㅜ는 ㅇ 속공간의 3분의 1만큼 띄고 속공간만큼 세로획을 길게 내려 쓴다.

있는 게 특징이기 때문에 첫돌기를 살짝 꺾어서 써주면 더욱 예뻐요. 모음 쓰는 고민을 해결하기 위해 방법을 자세히 설명하였습니다. 균형 잡힌 멋진 글씨. 이제는 쓸 수 있어요. 천천히 따라서 써보세요.

아
애
야
얘
어
에
여
예
오
와
왜
외
요
우

워	ㅝ	모음 ㅟ의 가로획은 비스듬히 위를 향하게, 세로획은 왼쪽방향 사선으로 내려쓴다.	워	워	워	워	워
웨	ㅞ	'워' 자에 모음 ㅣ를 위아래 좀 더 길게 내려 쓴다.	웨	웨	웨	웨	웨
위	ㅟ	'워' 자를 쓰는 방법과 같다.	위	위	위	위	위
유	ㅠ	모음 ㅠ의 왼쪽 세로획은 사선으로, 오른쪽 획은 직각으로 곧게 내려 쓴다.	유	유	유	유	유
으	ㅡ	모음 ㅡ는 ㅇ 속공간의 3분의 2 만큼 띄고 쓴다.	으	으	으	으	으
의	ㅢ	모음 ㅡ는 점선처럼 이음줄기를 길게 빼서 모음 ㅣ와 붙여 쓴다.	의	의	의	의	의
이	ㅣ	모음 ㅣ는 ㅇ 속공간의 3분의 2 만큼 띄고 첫돌기를 꺾어 곧게 내려쓴다.	이	이	이	이	이

연습 공간입니다.

워
웨
위
유
오
의
이

쌍받침, 겹받침 이렇게 쓰세요.

쌍받침, 겹받침 쓰기는 한 글자 쓰기를 한 후에 다시 돌아와 쓸 것을 권합니다. 한글의 구성이 초성과 중성 그리고 종성으로 이루어졌기 때문에 종성 받침을 설명하고 넘어가기 위하여 쌍받침과 겹받침 연습공간을 마련하였습니다.

밖	ㄲ	직각 모양의 ㄱ은 앞뒤의 크기도 모양도 같다. 세로획을 곧고 길게 내려쓴다.
었	ㅆ	'사' 자의 ㅅ과 같은 모양이다. 쌍둥이 ㅅ 두 개를 나란히 쓴다.
못	ㄱㅅ	받침 ㄱ과 ㅅ을 살짝 공간을 두고 쓴다.
앉	ㄴㅈ	ㄴ의 첫돌기에 세리프가 있고 가로획을 짧게 하여 ㅈ과 어울리게 쓴다.
끊	ㄴㅎ	ㄴ과 ㅎ을 나란히, ㅎ의 꼭지는 가로획이다.
흙	ㄹㄱ	ㄹ의 위아래 속공간 크기가 같다. 점선부분의 모양에 주의하며, ㄱ과 조화를 이루어 쓴다.
삶	ㄹㅁ	ㅁ은 세로로 긴 속공간을 만들어 점선부분에 주의해 ㄹ과 나란히 쓴다.
짧	ㄹㅂ	ㅂ은 모양과 순서에 맞게 ㄹ과 나란히 쓴다.
곬	ㄹㅅ	받침 ㄹ과 ㅅ을 나란히 쓴다.
핥	ㄹㅌ	ㅌ의 끝부분을 맞춰 ㄹ과 ㅌ의 크기도 높이도 같게 쓴다.
읊	ㄹㅍ	ㅍ의 ②획과 ③획은 ①획과 닿지 않도록, ㄹ과 높이를 맞춰 나란히 쓴다.
잃	ㄹㅎ	ㄹ과 ㅎ을 서로 공간을 두고 붙여 쓴다. ㅎ의 꼭지는 가로획이다.
값	ㅂㅅ	ㅂ과 ㅅ을 서로 공간을 두고 같은 크기로 쓴다. ㅂ은 획이 많으므로 순서에 맞게 쓴다.

반듯반듯한 이 글씨체는 초성, 중성, 종성이 어느 하나 크지도 작지도 않게 한 글자 안에서 서로 조화를 이루고 있어요. 두 개의 자음으로 이루어진 받침은 한 글자 공간의 3분의 1을 차지하지만 모음을 제외하고 보면 반을 차지할 정도로 생김새가 명확합니다. 앞뒤 자음의 크기도 같아요. 받침이 자음과 모음 아래 단정하게 붙어 글씨의 안정감과 명쾌함을 더했습니다. 받침에도 세리프가 있어서 더욱 멋스러워요.

한 글자 이렇게 쓰세요(받침 ㄱ부터 ㅎ까지).

이제부터 한 글자 쓰기를 할 거예요. 앞에서 자음과 모음 쓰기를 열심히 했기 때문에 글꼴을 만들어 본격적으로 글씨를 쓰려고 하니 '정말 잘 써질까?' 하는 생각에 의심도 되고 기대도 될 거예요.

각
건
군
갈
글
곰
굽
깃
경
갖
꽃
곁
깊
강

잘 쓸 수 있다는 믿음을 가지고 받침 ㄱ부터 ㅎ까지 들어간 한 글자로 된 다양한 글꼴을 연습해보세요. 각 글꼴의 특징을 파악하면서 쓰면 쉽게 따라 쓸 수 있습니다(한 글자의 나열순서는 종성 받침을 기준으로 하였습니다).

낙	낙	낙	낙						
눅	눅	눅	눅						
년	년	년	년						
난	난	난	난						
널	널	널	널						
냠	냠	냠	냠						
납	납	납	납						
냇	냇	냇	냇						
눙	눙	눙	눙						
늦	늦	늦	늦						
낯	낯	낯	낯						
낱	낱	낱	낱						
높	높	높	높						
낭	낭	낭	낭						

닥 던 돈 둘 뛸 됨 답 댓 뜻 등 닺 닻 덮 당

락	락	락	락						
력	력	력	력						
론	론	론	론						
린	린	린	린						
를	를	를	를						
럼	럼	럼	럼						
렵	렵	렵	렵						
릅	릅	릅	릅						
랫	랫	랫	랫						
럿	럿	럿	럿						
롱	롱	롱	롱						
링	링	링	링						
랖	랖	랖	랖						
랑	랑	랑	랑						

막
먼
묻
민
말
멸
몸
밉
뭇
명
맷
몇
맡
망

박	박	박	박
번	번	번	번
분	분	분	분
별	별	별	별
불	불	불	불
밤	밤	밤	밤
법	법	법	법
빗	빗	빗	빗
병	병	병	병
봉	봉	봉	봉
벚	벚	벚	벚
빚	빚	빚	빚
밭	밭	밭	밭
빵	빵	빵	빵

삭
썩
선
쏜
순
살
쉼
삽
삿
생
숯
샅
숲
쌍

악	악	악	악
원	원	원	원
윤	윤	윤	윤
언	언	언	언
알	알	알	알
울	울	울	울
암	암	암	암
압	압	압	압
옛	옛	옛	옛
왕	왕	왕	왕
웅	웅	웅	웅
엊	엊	엊	엊
얕	얕	얕	얕
앞	앞	앞	앞

작
짹
전
졸
줄
잼
쫌
줍
짓
중
짱
짖
쫓
찡

착	착	착	착									
촉	촉	촉	촉									
천	천	천	천									
춘	춘	춘	춘									
찰	찰	찰	찰									
출	출	출	출									
참	참	참	참									
촘	촘	촘	촘									
챕	챕	챕	챕									
첩	첩	첩	첩									
첫	첫	첫	첫									
창	창	창	창									
충	충	충	충									
찾	찾	찾	찾									

칵			
콕			
컨			
켠			
컫			
칼			
콜			
큼			
킴			
컵			
킵			
콧			
캥			
킹			

탁	탁	탁	탁							
툭	툭	툭	툭							
튼	튼	튼	튼							
틴	틴	틴	틴							
탈	탈	탈	탈							
톨	톨	톨	톨							
틈	틈	틈	틈							
팀	팀	팀	팀							
탑	탑	탑	탑							
톱	톱	톱	톱							
톳	톳	톳	톳							
툇	툇	툇	툇							
탕	탕	탕	탕							
통	통	통	통							

| 팍 |
| 편 |
| 폰 |
| 팔 |
| 펠 |
| 펌 |
| 폼 |
| 팝 |
| 핍 |
| 풋 |
| 풍 |
| 팡 |
| 평 |
| 팥 |

학	학	학	학							
헌	헌	헌	헌							
흔	흔	흔	흔							
할	할	할	할							
훌	훌	훌	훌							
함	함	함	함							
힘	힘	힘	힘							
합	합	합	합							
힙	힙	힙	힙							
핫	핫	핫	핫							
햇	햇	햇	햇							
항	항	항	항							
흥	흥	흥	흥							
훑	훑	훑	훑							

두 글자, 세 글자, 네 글자 이렇게 쓰세요.

한 글자 쓰기로 예쁜 글씨를 쓸 수 있다는 기쁨에 자신감이 생겼습니다. 이제 두 글자, 세 글자, 네 글자 단어 쓰기에 도전을 시작합니다. 단어 쓰기는 글자의 조합이 가장 중요합니다.

사랑

행복

별빛

햇살

글씨가 '예쁘다, 예쁘지 않다' 말하는 것도 글씨에 표정과 느낌이 있기 때문입니다. 한 글자가 서로 만나 단어가 되는 조합을 연습하는 공간입니다. 보기만 해도 예쁜 글씨입니다. 빨리 써보기로 해요.

선물 선물 선물
선물 선물 선물

웃음 웃음 웃음
웃음 웃음 웃음

희망 희망 희망
희망 희망 희망

꽃잎 꽃잎 꽃잎
꽃잎 꽃잎 꽃잎

세 글자

솜사탕

달콤해

봄내음

빗방울

오솔길 오솔길 오솔길
오솔길 오솔길 오솔길

좋은날 좋은날 좋은날
좋은날 좋은날 좋은날

옹달샘 옹달샘 옹달샘
옹달샘 옹달샘 옹달샘

바람꽃 바람꽃 바람꽃
바람꽃 바람꽃 바람꽃

네 글자

딸기소녀

상큼발랄

하늘색꿈

금빛모래

풀잎이슬

초록잔디

천사날개

꽃한송이

두 줄, 세 줄 문장 이렇게 쓰세요.

두 줄, 세 줄 문장 쓰기는 단어 쓰는 방법과 비슷합니다. 글자 수가 많아졌다고 주춤할 필요는 없습니다. 자음과 모음의 크기, 위치, 어떤 공간에 쓸 것인가를 고려하면 됩니다.

계획대로 안됐다고
최고의 날이
아닌 건 아니야

초록초록한 여름이
벌써부터 그리워요

전체적인 구성도 생각하며 두 줄, 세 줄 문장 쓰기를 연습하는 공간입니다. 글씨의 크기로 강약을 주면 마음을 표현하는 데 더욱 효과적입니다. 여기서는 자유로운 공간에 한 글자 한 글자 또박또박 써보기로 해요.

물 위에 떠 있는
　연꽃처럼
　　세상을 즐겨라

절실함이
　큰 사람을 만든다

인생에
등불하나씩
있으면 좋겠다

힘들면
잠시 쉬어가도
괜찮아

흐린 날이라고 해도
종일 비가
계속되지는 않아요

오늘이
　　가장 아름답고
행복한 날이에요

세상에서
가장 소중한 사람은
바로 당신입니다

세상에서
가장 소중한 사람은
바로 당신입니다

세상에서
가장 소중한 사람은
바로 당신입니다

세상에서
가장 소중한 사람은
바로 당신입니다

힘든 시간을 이겨내고
핀 꽃이
가장 아름다운 법이야

힘든 시간을 이겨내고
핀 꽃이
가장 아름다운 법이야

힘든 시간을 이겨내고
핀 꽃이
가장 아름다운 법이야

힘든 시간을 이겨내고
핀 꽃이
가장 아름다운 법이야

줄노트에 긴 문장 이렇게 쓰세요.

글씨는 왼쪽에서 오른쪽으로 쓰는 가로쓰기의 형태가 일반적입니다. 문장 쓰기는 전체적인 구성과 글씨의 흐름이 매끄러워야 잘 쓴 글씨라는 느낌이 듭니다. 글자와의 간격, 띄어쓰기를 생각하며

아무도 살지 않는 숲속에 달팽이 한 마리와 방울꽃이 살았습니다. 달팽이는 세상에 방울꽃이 존재한다는 이유만으로도 기뻤습니다. 달팽이는 매일 아침 큰 바위

아무도 살지 않는 숲속에 달팽이 한 마리와 방울꽃이

살았습니다. 달팽이는 세상에 방울꽃이 존재한다는

이유만으로도 기뻤습니다. 달팽이는 매일 아침 큰 바위

쓰는 것이 중요합니다. 글자와 글자 사이의 적절한 간격은 가독성을 높여줄 뿐만 아니라 아름다움을 더해줍니다. 지금까지는 큰 글씨 쓰기를 했다면 이제부터는 작은 글씨 쓰기에도 도전해보세요.

두 개를 넘어 방울꽃 옆으로 다가가 속삭였습니다. "이슬 한 방울만 마셔도 되나요?" 비바람이 부는 날에 바위 밑에서 잠 못 들고, 햇볕이 내리쬐는 날에 몸이

두 개를 넘어 방울꽃 옆으로 다가가 속삭였습니다.

두 개를 넘어 방울꽃 옆으로 다가가 속삭였습니다.

"이슬 한 방울만 마셔도 되나요?" 비바람이 부는 날에

"이슬 한 방울만 마셔도 되나요?" 비바람이 부는 날에

바위 밑에서 잠 못 들고, 햇볕이 내리쬐는 날에 몸이

바위 밑에서 잠 못 들고, 햇볕이 내리쬐는 날에 몸이

마르도록 방울꽃 곁에 있는 것이 달팽이의 사랑이라는 것을 방울꽃은 몰랐습니다.
숲에는 노란 날개를 가진 나비가 날아왔습니다. 방울꽃은 노란 나비를

마르도록 방울꽃 곁에 있는 것이 달팽이의 사랑이라는

것을 방울꽃은 몰랐습니다. 숲에는 노란 날개를 가진

나비가 날아왔습니다. 방울꽃은 노란 나비를

좋아했습니다. 달팽이에게 이슬을 주던 방울꽃이 나비에게 꿀을 주었을 때에도 달팽이는 방울꽃이 즐거워하는 것만으로도 행복했습니다. 방울꽃 꽃잎

좋아했습니다. 달팽이에게 이슬을 주던 방울꽃이

나비에게 꿀을 주었을 때에도 달팽이는 방울꽃이

즐거워하는 것만으로도 행복했습니다. 방울꽃 꽃잎

 하나가 짙은 아침 안개 속에 떨어지던 어느 날, 나비는 바람이 차가워진다며
노란 날개를 팔랑거리며 떠나갔습니다. 나비를 보내고 슬퍼하는 방울꽃을 보며

하나가 짙은 아침 안개 속에 떨어지던 어느 날, 나비는

바람이 차가워진다며 노란 날개를 팔랑거리며

떠나갔습니다. 나비를 보내고 슬퍼하는 방울꽃을 보며

달팽이가 흘리는 작은 눈물방울이 사랑이라는 것을, 나비가 떠난 밤에 방울꽃 주변을 자지 않고 맴돌던 것이 달팽이의 사랑이라는 것을 방울꽃은 몰랐습니다.

달팽이가 흘리는 작은 눈물방울이 사랑이라는 것을,

나비가 떠난 밤에 방울꽃 주변을 자지 않고 맴돌던 것이

달팽이의 사랑이라는 것을 방울꽃은 몰랐습니다.

꽃잎이 바람에 다 떨어져버리고 방울꽃도 씨앗이 되어 땅위에 떨어져버린 날, 흙을 곱게 덮어주며 달팽이는 말했습니다. "당신을 기다려도 되나요?"

꽃잎이 바람에 다 떨어져버리고 방울꽃도 씨앗이 되어

땅위에 떨어져버린 날, 흙을 곱게 덮어주며 달팽이는

말했습니다. "당신을 기다려도 되나요?"

씨앗이 된 방울꽃은 그제야 달팽이가 자기를 사랑하고 있다는 것을 알게 되었습니다.
어느 따뜻한 봄날 아침, 꽃을 피운 방울꽃은 달팽이를 향해 환하게 웃었습니다.

씨앗이 된 방울꽃은 그제야 달팽이가 자기를 사랑하고

씨앗이 된 방울꽃은 그제야 달팽이가 자기를 사랑하고

있다는 것을 알게 되었습니다. 어느 따뜻한 봄날 아침,

있다는 것을 알게 되었습니다. 어느 따뜻한 봄날 아침,

꽃을 피운 방울꽃은 달팽이를 향해 환하게 웃었습니다.

꽃을 피운 방울꽃은 달팽이를 향해 환하게 웃었습니다.

 **엽서와 카드에 마음을 담아 이렇게 쓰세요.**
글씨를 쓸 때 글이 시작되는 곳과 끊어지는 곳에서 자음의 크기나 모음의 가로획과 세로획의 길이에 살짝 변화를 주어도 좋습니다.

하쿠나 마타타
괜찮아. 다 잘 될 거야
　　　조금만 기다려
　움츠렸던 네 인생
　　　봄꽃처럼 활짝 필거야
화이팅!!!

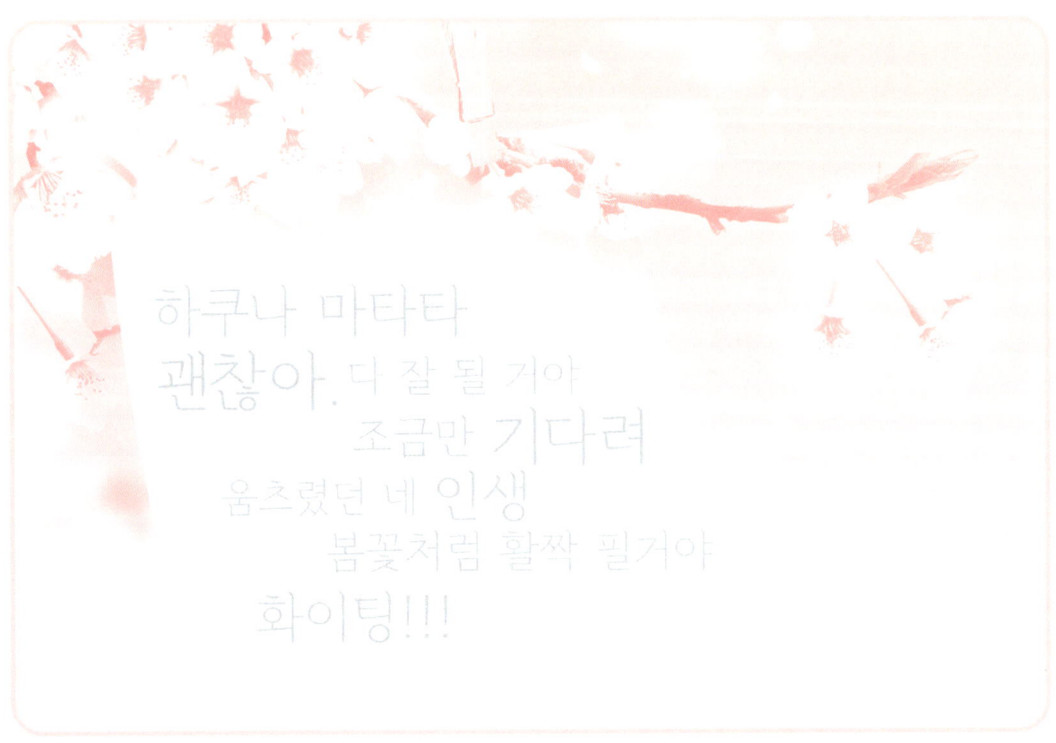

각 행의 시작점을 다르게 하면 좀 더 자연스러운 한 덩어리의 문장을 만들 수도 있습니다. 가까운 사람에게 마음을 담아 엽서나 카드를 꾸밀 때 이렇게 쓰면 좋아요.

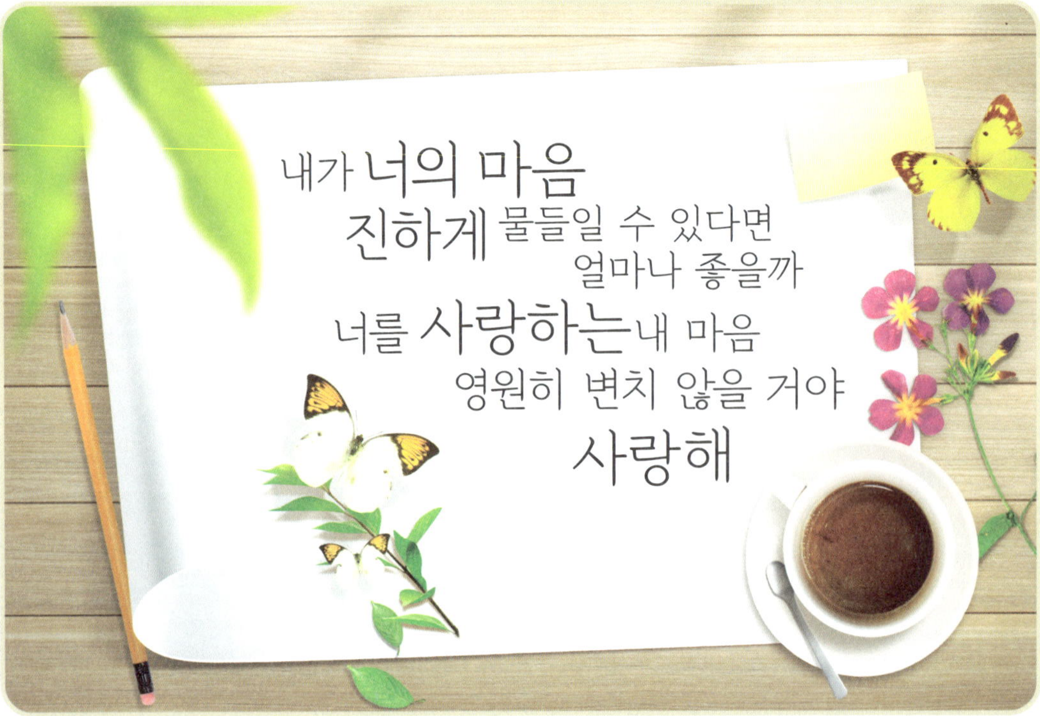
내가 너의 마음
진하게 물들일 수 있다면
얼마나 좋을까
너를 사랑하는 내 마음
영원히 변치 않을 거야
사랑해

내가 너의 마음
진하게 물들일 수 있다면
얼마나 좋을까
너를 사랑하는 내 마음
영원히 변치 않을 거야
사랑해

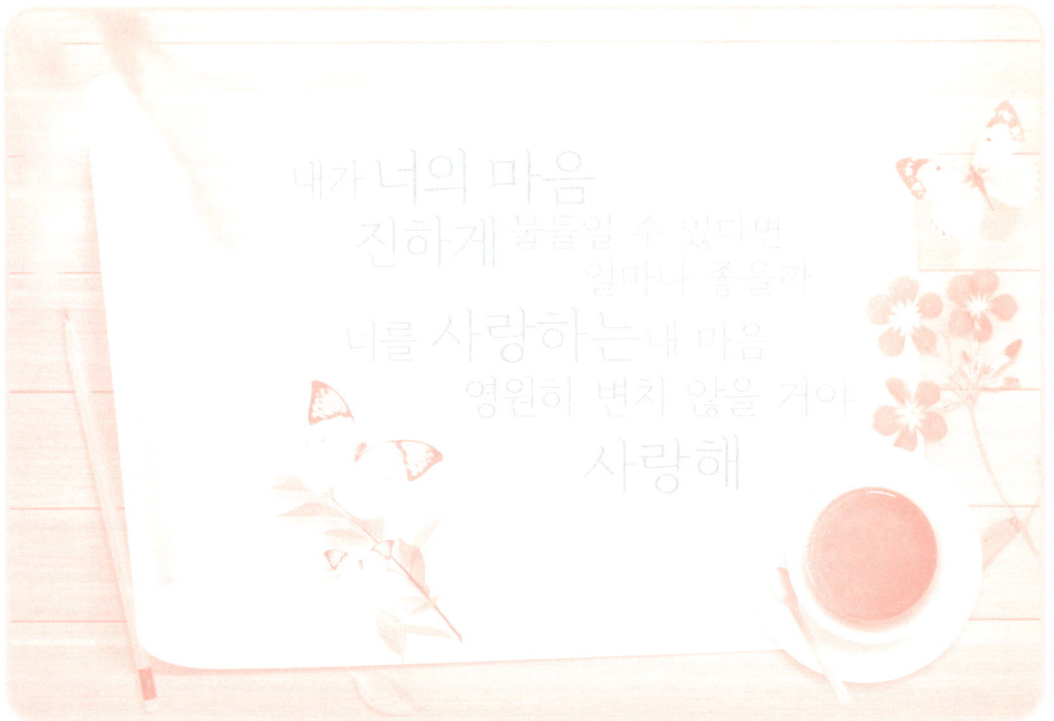

내가 너의 마음
진하게 물들일 수 있다면
얼마나 좋을까
너를 사랑하는 내 마음
영원히 변치 않을 거야
사랑해

내가 너의 마음
진하게 물들일 수 있다면
얼마나 좋을까
너를 사랑하는 내 마음
영원히 변치 않을 거야
사랑해

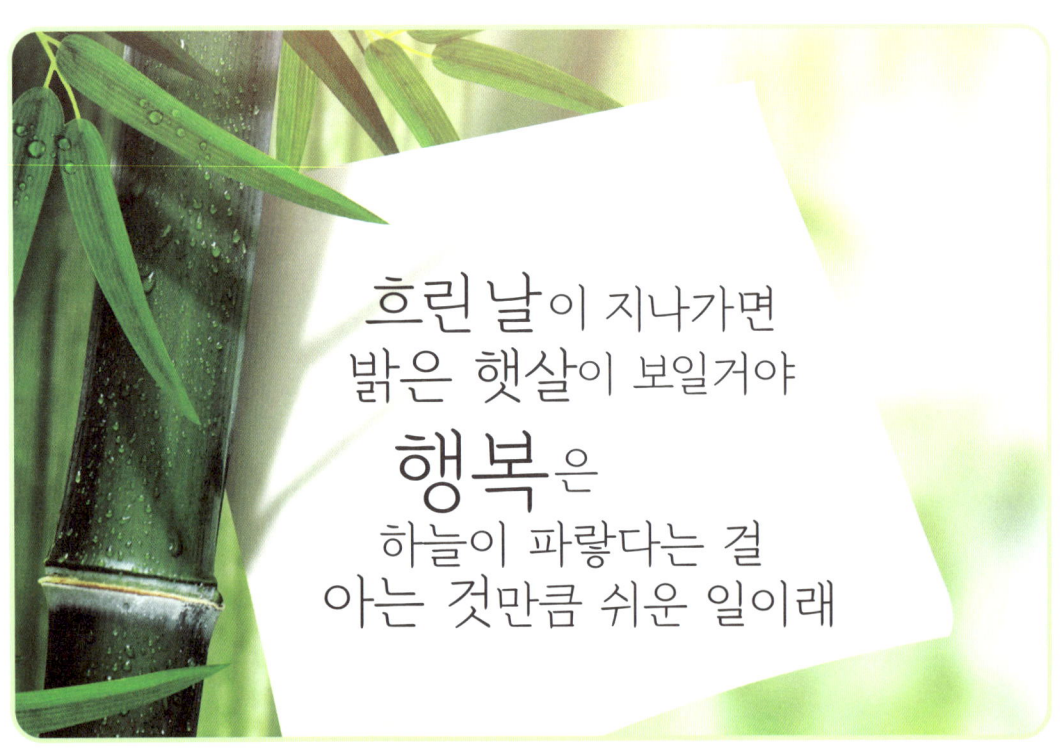

흐린 날이 지나가면
밝은 햇살이 보일거야
행복은
하늘이 파랗다는 걸
아는 것만큼 쉬운 일이래

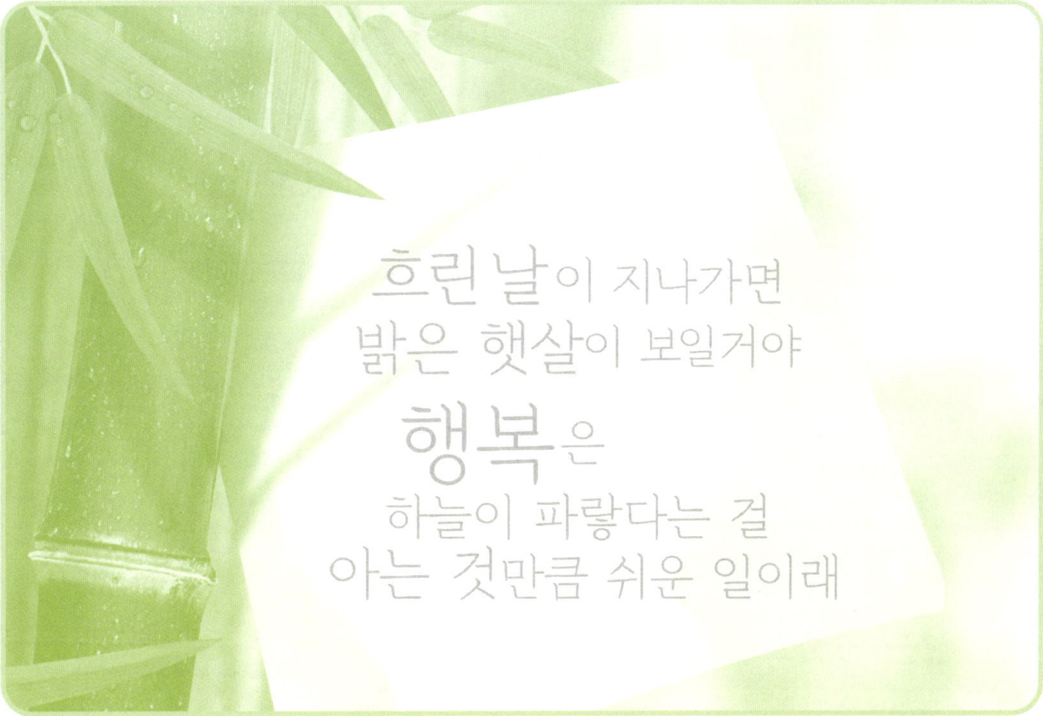

흐린 날이 지나가면
밝은 햇살이 보일거야

행복은
하늘이 파랗다는 걸
아는 것만큼 쉬운 일이래

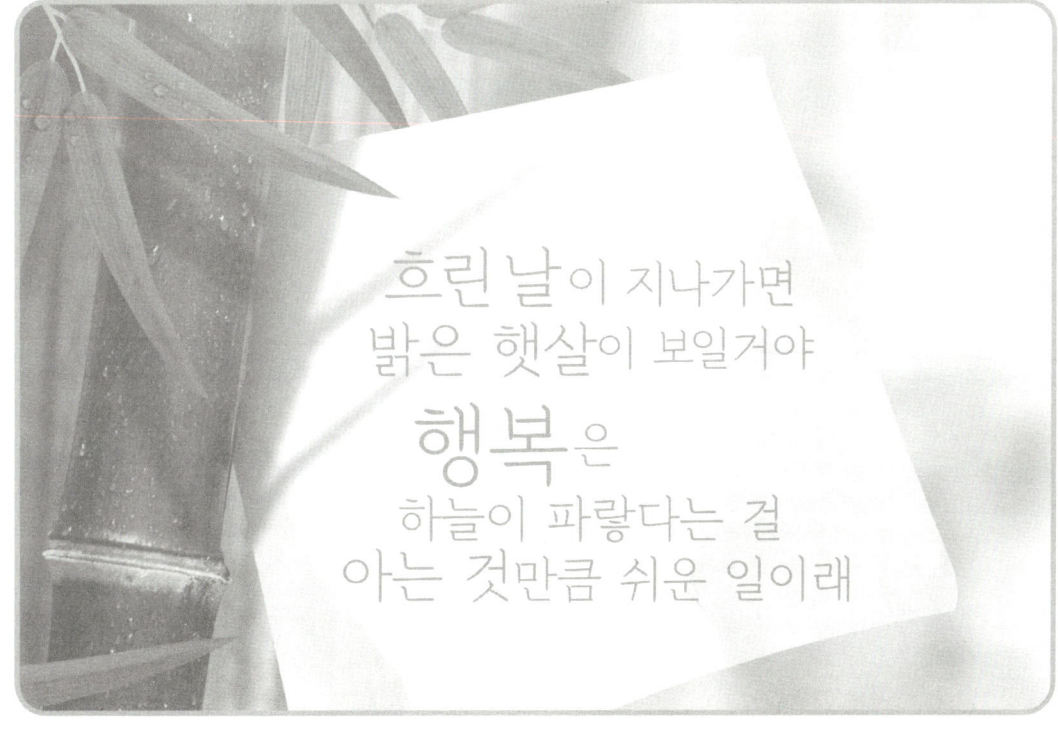

흐린 날이 지나가면
밝은 햇살이 보일거야

행복은
하늘이 파랗다는 걸
아는 것만큼 쉬운 일이래

처음부터 겁먹지 마십시오.
막상 가보면
아무것도 아닌 게
세상에는 참 많습니다.

하늘에 닿기를 바라는 나무는
땅 속 깊은 데까지
가지 않으면 안 됩니다.

굳건히 뿌리를 내린 나무는
폭풍이 불어오기를 기다립니다.
폭풍은 절대 적이 아니며
하나의 도전입니다.

상큼발랄 손글씨

| 글씨 이야기 |

하늘 한가운데서 째앵째앵

우리 애기는
아래 발추에서 코올코올
고양이는
부뚜막에서 가릉가릉
애기 바람이
나뭇가지에 소올소올
아저씨 햇님이
하늘 한가운데서 째앵째앵

손글씨가 가지는 자유로운 멋이 있고, 밝고 명랑한 느낌을 주는 글씨체입니다. 자음과 모음에 곡선의 유연함이 있고, 시계방향으로 둥글게 휘어진 세리프가 특징이에요. 글자마다 크기의 변화가 있어서 전체적으로 리듬감과 재미가 있는 글씨체입니다. 자꾸자꾸 쓰고 싶은 글씨에요.

봄이 혈관속에 시내처럼 흘러/돌, 돌, 시내 가까운 언덕에
개나리, 진달래, 노오란 배추꽃
삼동을 참아온 나는/풀포기처럼 피어난다.
즐거운 종달새야/어느 이랑에서나 즐거웁게 솟쳐라.
푸르른 하늘은/아른아른 높기도 한데.

모음 ㅓ에 세리프가 있고 눈썹 같은 생김새를 가졌어요. 작고 동그란 ㅇ을 감싸듯이 길지 않게 내려쓰는 게 특징이에요.

ㅅ은 모음 ㅗ를 기준으로 대칭이에요. 삐침줄기가 짧아 밝은 느낌을 줍니다. ㅅ, ㅈ, ㅊ 같은 느낌이에요.

얼마나 소중하고
얼마나 가치 있는 것인지
그저 몇 송이 들꽃만이라도
기억해주길

쌍받침 ㅆ은 앞에 있는 ㅅ이 업혀있는 듯 두 개가 겹쳐있는 쌍둥이 모양이에요.

ㄲ ㄸ ㅃ ㅉ 등 쌍자음의 형태를 보면 'ㄲ'은 'ㄱ'의 모양을, 'ㄸ'은 'ㄷ'의 모양을, 'ㅉ'은 'ㅈ'의 모양을 크기만 조절해 쌍둥이처럼 겹쳐서 가져왔어요. 'ㅃ'은 ㅂ을 합쳐놓은 모양이에요.

하고 싶은 일을 확실하게 정했다면
주저하지 말고 전력 질주하자.

글자들을 한 줄에 놓고 보면 글줄 가운데에 맞춰 있는 게 특징이에요.
민글자와 받침글자의 크기가 다르기 때문에 율동감이 있어요.

내가 걷는 길은 험하고 미끄러웠다.
나는 자꾸만 미끄러져 길바닥 위에 넘어지곤 했다.
그러나 나는 곧 기운을 차리고 내 자신에게 말했다.
"괜찮아. 길이 약간 미끄럽긴 하지만 낭떠러지는 아니야."
나는 천천히 걸어가는 사람이다. 그러나 뒤로는 가지 않는다.

자음 이렇게 쓰세요.

한글은 자음과 모음으로 구성되어 있습니다. 그 원칙을 적용해서 자음과 모음을 분리해서 연습하도록 해요. 이 글씨는 자음과 모음의 굴림이 매끄럽고 ㅁ과 ㅇ의 속공간이 작고 깜찍해요.

가	ㄱ	직선을 둥글다는 마음으로 곡선 형태로 쓰면 정확한 생김새가 나온다.	ㄱ	ㄱ	ㄱ	ㄱ	ㄱ
나	ㄴ	가로와 세로획의 길이가 같다. 이음줄기 끝을 위로 올려 쓴다.	ㄴ	ㄴ	ㄴ	ㄴ	ㄴ
다	ㄷ	ㄴ에 가로획을 위에 올린 생김새다. 점선부분처럼 획의 끝이 나오게 쓴다.	ㄷ	ㄷ	ㄷ	ㄷ	ㄷ
라	ㄹ	살짝 기우뚱한 생김새다. 점선부분을 둥글게 마지막 이음줄기 끝을 올리고 살짝 길게 쓴다.	ㄹ	ㄹ	ㄹ	ㄹ	ㄹ
마	ㅁ	한 번에 쓴 듯 보이나 2획으로 쓴다. ②획을 둥글게 꺾어 쓴다.	ㅁ	ㅁ	ㅁ	ㅁ	ㅁ
바	ㅂ	아래가 좁은 생김새다. 아래를 좁게 둥글려 쓰고 가운데 가로획을 쓴다.	ㅂ	ㅂ	ㅂ	ㅂ	ㅂ
사	ㅅ	삐침줄기보다 ②획을 짧게 쓴다.	ㅅ	ㅅ	ㅅ	ㅅ	ㅅ
아	ㅇ	작고 동그랗게 쓴다.	ㅇ	ㅇ	ㅇ	ㅇ	ㅇ
자	ㅈ	ㅅ과 같은 생김새다. 가로획을 아래로 기울여 내려쓴다.	ㅈ	ㅈ	ㅈ	ㅈ	ㅈ
차	ㅊ	ㅈ에 세로 꼭지를 사선으로 기울여 쓴다.	ㅊ	ㅊ	ㅊ	ㅊ	ㅊ
카	ㅋ	ㄱ 중간에 가로획을 같은 길이로 쓴다.	ㅋ	ㅋ	ㅋ	ㅋ	ㅋ
타	ㅌ	점선부분의 가로획의 길이와 모양에 집중해서 쓴다.	ㅌ	ㅌ	ㅌ	ㅌ	ㅌ
파	ㅍ	세로획을 곧고 나란히 쓴다. 마무리 이음줄기 끝은 올려 쓴다.	ㅍ	ㅍ	ㅍ	ㅍ	ㅍ
하	ㅎ	꼭지는 ㅊ의 생김새와 같다. 동그란 ㅇ을 갓머리 아래에 공간을 두고 쓴다.	ㅎ	ㅎ	ㅎ	ㅎ	ㅎ

글꼴이 명확해서 특성을 먼저 살펴본 후에 따라 쓰면 좀 더 쉽게 나만의 글씨를 만들 수 있어요. 자음을 확실하게 연습하면 자신감이 생겨날 거예요. 각 자음마다 쓰는 방법을 자세히 설명하였습니다. 그럼 함께 시작해볼까요?

고	ㄱ	ㄱ의 가로와 세로획의 길이가 같다. 시계방향으로 둥글게 꺾어 쓴다.	ㄱ	ㄱ	ㄱ	ㄱ	ㄱ
노	ㄴ	세로획을 사선으로 기울여 내려쓰고 마지막 끝부분은 올려 마무리한다.	ㄴ	ㄴ	ㄴ	ㄴ	ㄴ
도	ㄷ	점선부분처럼 획의 끝이 나오게, 마지막 이음줄기의 끝은 올려 쓴다.	ㄷ	ㄷ	ㄷ	ㄷ	ㄷ
로	ㄹ	'라' 자의 ㄹ과 쓰는 방법이 같다.	ㄹ	ㄹ	ㄹ	ㄹ	ㄹ
모	ㅁ	ㅁ의 속공간은 2획의 둥근 획으로 만들어진 둥근 정사각형의 생김새다.	ㅁ	ㅁ	ㅁ	ㅁ	ㅁ
보	ㅂ	세로로 긴 글꼴이다.	ㅂ	ㅂ	ㅂ	ㅂ	ㅂ
소	ㅅ	①획과 ②획의 끝나는 지점이 같다.	ㅅ	ㅅ	ㅅ	ㅅ	ㅅ
오	ㅇ	작고 동그랗게 쓴다.	ㅇ	ㅇ	ㅇ	ㅇ	ㅇ
조	ㅈ	가로획을 아래로 기울여 내려쓰고 ①획과 ②획의 끝나는 지점이 같다.	ㅈ	ㅈ	ㅈ	ㅈ	ㅈ
초	ㅊ	세로 꼭지를 달고 '자' 자의 ㅈ과 쓰는 방법이 같다.	ㅊ	ㅊ	ㅊ	ㅊ	ㅊ
코	ㅋ	'고' 자의 ㄱ에 가로획을 같은 길이로 쓴다.	ㅋ	ㅋ	ㅋ	ㅋ	ㅋ
토	ㅌ	'도' 자의 ㄷ에 가로획을 같은 길이로 쓴다.	ㅌ	ㅌ	ㅌ	ㅌ	ㅌ
포	ㅍ	①획은 길게, ④획은 짧게 쓴다. 세로획은 곧게, 공간을 사이에 두고 쓴다.	ㅍ	ㅍ	ㅍ	ㅍ	ㅍ
호	ㅎ	'하' 자의 ㅎ과 쓰는 방법이 같다.	ㅎ	ㅎ	ㅎ	ㅎ	ㅎ

ㄱ ㄴ ㄷ ㄹ ㅁ ㅂ ㅅ ㅇ ㅈ ㅊ ㅋ ㅌ ㅍ ㅎ

모음 이렇게 쓰세요.

모음을 쓸 때 자음과의 간격을 얼마나 띄워야 할지, 모음의 길이는 얼마나 해야 할지 고민이 됩니다. 글씨를 예쁘게 쓰려면 자음과 모음의 균형, 간격, 길이 모두 고려해야 해요.

아	ㅏ	ㅇ을 감싸는 느낌으로 모음 ㅏ를 시계방향으로 둥글고 짧게 쓴다. 곁줄기 가로획이 긴 게 특징이다.	아	아	아	아	아
애	ㅐ	모음 ㅏ는 ㅇ 길이로, ㅣ는 ㅏ를 감싸는 느낌으로 둥글게 쓴다.	애	애	애	애	애
야	ㅑ	모음 ㅑ의 곁줄기는 ㅇ의 위아래 높이에 맞춰 쓴다.	야	야	야	야	야
얘	ㅒ	모음 ㅑ는 ㅇ 길이로, ㅣ는 ㅑ를 감싸는 느낌으로 둥글게 쓴다.	얘	얘	얘	얘	얘
어	ㅓ	모음 ㅓ는 ㅇ붙여 둥글고 짧게 내려 쓴다.	어	어	어	어	어
에	ㅔ	모음 ㅓ는 ㅇ 길이로 짧게, ㅣ는 ㅓ를 감싸는 느낌으로 둥글게 쓴다.	에	에	에	에	에
여	ㅕ	'어' 자를 쓰는 방법과 같다. 곁줄기 가로획 두 개는 ㅇ을 향해 나란히 쓴다.	여	여	여	여	여
예	ㅖ	모음 ㅕ는 ㅇ 길이로, ㅣ는 ㅕ를 감싸는 느낌으로 둥글게 쓴다.	예	예	예	예	예
오	ㅗ	나무 한그루가 서있는 생김새다. 모음 ㅗ의 기둥은 가운데 길게, 가로획은 가운데가 볼록하게 쓴다.	오	오	오	오	오
와	ㅘ	'오' 자를 쓰고 모음 ㅏ는 ㅗ 보다 약간 아래로 내려오게 쓴다.	와	와	와	와	와
왜	ㅙ	모음 ㅐ는 안기둥은 ㅇ의 중간지점까지, 바깥기둥은 '오'자 전체 길이로 쓴다.	왜	왜	왜	왜	왜
외	ㅚ	'와' 자를 쓰는 방법과 같다.	외	외	외	외	외
요	ㅛ	'오' 자를 쓰는 방법과 같다. 세로획 두 개는 곧고 길게 쓴다.	요	요	요	요	요
우	ㅜ	'오' 자의 모음 ㅗ의 세로획 길이 만큼 아래로 내려쓴다.	우	우	우	우	우

특히 이 글씨는 모음의 세로획에 세리프가 있지만 꺾임이 두드러지지 않아서 자연스럽고 둥글게 획과 하나가 되도록 쓰는 게 특징이에요. 모음 쓰는 고민을 해결하기 위해 방법을 자세히 설명하였습니다. 사랑스럽고 귀여운 나만의 멋진 글씨. 이제는 쓸 수 있어요. 천천히 따라서 써보세요.

아
애
야
얘
어
에
여
예
오
와
왜
외
요
우

워	ㅝ	'우'자에 모음 ㅓ를 글자 전체 길이만큼 둥글게 내려쓴다.					
웨	ㅞ	ㅓ를 짧게, ㅣ는 ㅓ를 감싸는 느낌으로 한 글자 길이로 쓴다.					
위	ㅟ	'워'자를 쓰는 방법과 같다.					
유	ㅠ	모음 ㅡ를 3등분한 지점에서 세로획 기둥 두 개를 곧게 내려쓴다.					
으	ㅡ	모음 ㅡ를 ㅇ의 3분의 2 공간만큼 띄워 ㅇ를 향해 볼록하게 쓴다.					
의	ㅢ	'으'자를 쓰고 공간을 두고 ㅣ를 쓴다.					
이	ㅣ	'아'자를 쓰는 방법과 같다.					

연습 공간입니다.

워 웨 위 유 으 의 이

쌍받침, 겹받침 이렇게 쓰세요.

쌍받침, 겹받침 쓰기는 한 글자 쓰기를 한 후에 다시 돌아와 쓸 것을 권합니다. 한글의 구성이 초성과 중성 그리고 종성으로 이루어졌기 때문에 이곳에서 종성인 받침을 설명하고 넘어가기 위하여 쌍받침과 겹받침 연습공간을 마련하였습니다.

밖	ㄲ	'고'자를 쓸 때 ㄱ과 모양이 같다. 앞뒤 두 개의 ㄱ은 크기도 모양도 같다.					
었	ㅆ	'ㅅ'자를 쓸 때 ㅅ과 모양이 같다. 크기가 같은 ㅅ 두 개를 붙여서 나란히 쓴다.					
못	ㄳ	받침 ㄱ과 ㅅ을 쓰는 방법으로 나란히 쓴다.					
앉	ㄵ	'노'자의 ㄴ, '자'자의 ㅈ을 쓰는 방법으로 나란히 어울리게 쓴다.					
끊	ㄶ	받침 ㄴ을 ㅎ의 중간 높이에 맞춰 쓴다.					
흙	ㄺ	ㄹ은 초성 자음 ㄹ의 생김새와 같다. ㄱ과 어울리게 쓴다.					
삶	ㄻ	ㅁ은 둥근 네모의 속공간을 가진 모양으로, ㄹ의 중간과 맞춰 쓴다.					
짧	ㄼ	ㅂ은 세로로 긴 둥근 형태다. ㄹ와 나란히 쓴다.					
곬	ㄽ	받침 ㄹ과 ㅅ을 나란히 쓴다.					
핥	ㄾ	ㅌ의 마지막 획의 끝이 길다. ㄹ과 나란히 쓴다.					
읊	ㄿ	ㅍ의 세로획을 나란히 내려쓰며, ㄹ과 조화롭게 쓴다.					
잃	ㅀ	ㅎ의 꼭지는 세로획이다.					
값	ㅄ	받침 ㅂ과 ㅅ을 나란히 쓴다.					

이 글씨체는 모음의 길이가 상대적으로 짧아 받침이 두드러져 보입니다. 받침의 생김새에도 곡선의 유연함이 있어 자유로운 멋을 더했습니다. 두 개의 자음으로 이루어진 쌍받침과 겹받침을 연습해보세요.

밖
었
몫
앉
끓
흙
삶
짧
곬
핥
읊
잃
값

한 글자 이렇게 쓰세요(받침 ㄱ부터 ㅎ까지).

이제부터 한 글자 쓰기를 할 거예요. 앞에서 자음과 모음 쓰기를 열심히 했기 때문에 글꼴을 만들어 본격적으로 글씨를 쓰려고 하니 '정말 잘 써질까?' 하는 생각에 의심도 되고 기대도 될 거예요. 잘

각	각	각	각						
건	건	건	건						
군	군	군	군						
갇	갇	갇	갇						
글	글	글	글						
곰	곰	곰	곰						
굽	굽	굽	굽						
깃	깃	깃	깃						
경	경	경	경						
갖	갖	갖	갖						
꽃	꽃	꽃	꽃						
곁	곁	곁	곁						
깊	깊	깊	깊						
강	강	강	강						

쓸 수 있다는 믿음을 가지고 받침 ㄱ부터 ㅎ까지 들어간 한 글자로 된 다양한 글꼴을 연습해보세요. 각 글꼴의 특징을 파악하면서 쓰면 쉽게 따라 쓸 수 있습니다(한 글자의 나열순서는 종성 받침을 기준으로 하였습니다).

낙	낙	낙	낙							
눅	눅	눅	눅							
년	년	년	년							
낟	낟	낟	낟							
널	널	널	널							
냠	냠	냠	냠							
납	납	납	납							
냇	냇	냇	냇							
눙	눙	눙	눙							
늦	늦	늦	늦							
낯	낯	낯	낯							
낱	낱	낱	낱							
높	높	높	높							
낳	낳	낳	낳							

닥 닥 닥 닥
던 던 던 던
돈 돈 돈 돈
둘 둘 둘 둘
뜔 뜔 뜔 뜔
됨 됨 됨 됨
답 답 답 답
댓 댓 댓 댓
뜻 뜻 뜻 뜻
등 등 등 등
닺 닺 닺 닺
닻 닻 닻 닻
덮 덮 덮 덮
당 당 당 당

락	락	락	락								
력	력	력	력								
론	론	론	론								
린	린	린	린								
를	를	를	를								
럼	럼	럼	럼								
렵	렵	렵	렵								
릅	릅	릅	릅								
랫	랫	랫	랫								
럿	럿	럿	럿								
롱	롱	롱	롱								
링	링	링	링								
랖	랖	랖	랖								
랑	랑	랑	랑								

막	막	막	막						
먼	먼	먼	먼						
문	문	문	문						
민	민	민	민						
말	말	말	말						
멸	멸	멸	멸						
몸	몸	몸	몸						
밉	밉	밉	밉						
뭇	뭇	뭇	뭇						
명	명	명	명						
맷	맷	맷	맷						
몇	몇	몇	몇						
맡	맡	맡	맡						
망	망	망	망						

박	박	박	박								
번	번	번	번								
분	분	분	분								
별	별	별	별								
불	불	불	불								
밤	밤	밤	밤								
뱁	뱁	뱁	뱁								
빗	빗	빗	빗								
병	병	병	병								
봉	봉	봉	봉								
벗	벗	벗	벗								
빛	빛	빛	빛								
밭	밭	밭	밭								
빵	빵	빵	빵								

삭	삭	삭	삭
쎡	쎡	쎡	쎡
선	선	선	선
쏜	쏜	쏜	쏜
숨	숨	숨	숨
살	살	살	살
쉼	쉼	쉼	쉼
삽	삽	삽	삽
삿	삿	삿	삿
생	생	생	생
숯	숯	숯	숯
삽	삽	삽	삽
숲	숲	숲	숲
쌍	쌍	쌍	쌍

악	악	악	악
원	원	원	원
윤	윤	윤	윤
언	언	언	언
알	알	알	알
울	울	울	울
암	암	암	암
압	압	압	압
옛	옛	옛	옛
왕	왕	왕	왕
웅	웅	웅	웅
엇	엇	엇	엇
앝	앝	앝	앝
앞	앞	앞	앞

작
짹
전
졸
줄
잼
쯤
줍
짓
중
짱
짖
쫓
찡

착	착	착	착
촉	촉	촉	촉
천	천	천	천
춘	춘	춘	춘
촬	촬	촬	촬
출	출	출	출
참	참	참	참
촘	촘	촘	촘
챕	챕	챕	챕
첩	첩	첩	첩
첫	첫	첫	첫
창	창	창	창
층	층	층	층
찾	찾	찾	찾

칵
콕
컨
켠
컨
칼
콜
큼
킴
컵
킵
콧
캥
킹

탁	탁	탁	탁								
툭	툭	툭	툭								
튼	튼	튼	튼								
틴	틴	틴	틴								
탈	탈	탈	탈								
톨	톨	톨	톨								
틈	틈	틈	틈								
팀	팀	팀	팀								
탑	탑	탑	탑								
툽	툽	툽	툽								
톳	톳	톳	톳								
툇	툇	툇	툇								
탕	탕	탕	탕								
통	통	통	통								

팍	팍	팍	팍						
편	편	편	편						
폰	폰	폰	폰						
팔	팔	팔	팔						
펼	펼	펼	펼						
펌	펌	펌	펌						
폼	폼	폼	폼						
팝	팝	팝	팝						
핍	핍	핍	핍						
폿	폿	폿	폿						
풋	풋	풋	풋						
팡	팡	팡	팡						
펑	펑	펑	펑						
팥	팥	팥	팥						

학	학	학	학
헌	헌	헌	헌
흗	흗	흗	흗
할	할	할	할
훌	훌	훌	훌
함	함	함	함
힘	힘	힘	힘
합	합	합	합
힙	힙	힙	힙
핫	핫	핫	핫
햇	햇	햇	햇
향	향	향	향
흥	흥	흥	흥
홑	홑	홑	홑

두 글자, 세 글자, 네 글자 이렇게 쓰세요.

한 글자 쓰기로 예쁜 글씨를 쓸 수 있다는 기쁨에 자신감이 생겼습니다. 이제 두 글자, 세 글자, 네 글자 단어 쓰기에 도전을 시작합니다. 단어 쓰기는 글자의 조합이 가장 중요합니다.

사 랑

행 복

별 빛

햇 살

글씨가 '예쁘다, 예쁘지 않다' 말하는 것도 글씨에 표정과 느낌이 있기 때문입니다. 한 글자가 서로 만나 단어가 되는 조합을 연습하는 공간입니다. 보기만 해도 예쁜 글씨입니다. 빨리 써보기로 해요.

선물

웃음

희망

꽃잎

 세 글자

솜사탕

달콤해

봄내음

빗방울

| 오 | 솔 | 길 | 오솔길 오솔길
오솔길 오솔길 오솔길

| 좋 | 은 | 날 | 좋은날 좋은날
좋은날 좋은날 좋은날

| 옹 | 달 | 샘 | 옹달샘 옹달샘
옹달샘 옹달샘 옹달샘

| 바 | 람 | 꽃 | 바람꽃 바람꽃
바람꽃 바람꽃 바람꽃

 네 글자

딸기소녀

상큼발랄

하늘색꿈

금빛모래

| 풀 | 잎 | 이 | 슬 |

풀잎이슬　　풀잎이슬
풀잎이슬　　풀잎이슬

| 초 | 록 | 잔 | 디 |

초록잔디　　초록잔디
초록잔디　　초록잔디

| 천 | 사 | 날 | 개 |

천사날개　　천사날개
천사날개　　천사날개

| 꽃 | 한 | 송 | 이 |

꽃한송이　　꽃한송이
꽃한송이　　꽃한송이

 **두 줄, 세 줄 문장 이렇게 쓰세요.**

두 줄, 세 줄 문장 쓰기는 단어 쓰는 방법과 비슷합니다. 글자 수가 많아졌다고 주춤할 필요는 없습니다. 자음과 모음의 크기, 위치, 어떤 공간에 쓸 것인가를 고려하면 됩니다.

계획대로 안됐다고
최고의 날이
아닌 건 아니야

초록 초록한 여름이
벌써부터 그리워요

전체적인 구성도 생각하며 두 줄, 세 줄 문장 쓰기를 연습하는 공간입니다. 글씨의 크기로 강약을 주면 마음을 표현하는 데 더욱 효과적입니다. 여기서는 자유로운 공간에 한 글자 한 글자 또박또박 써보기로 해요.

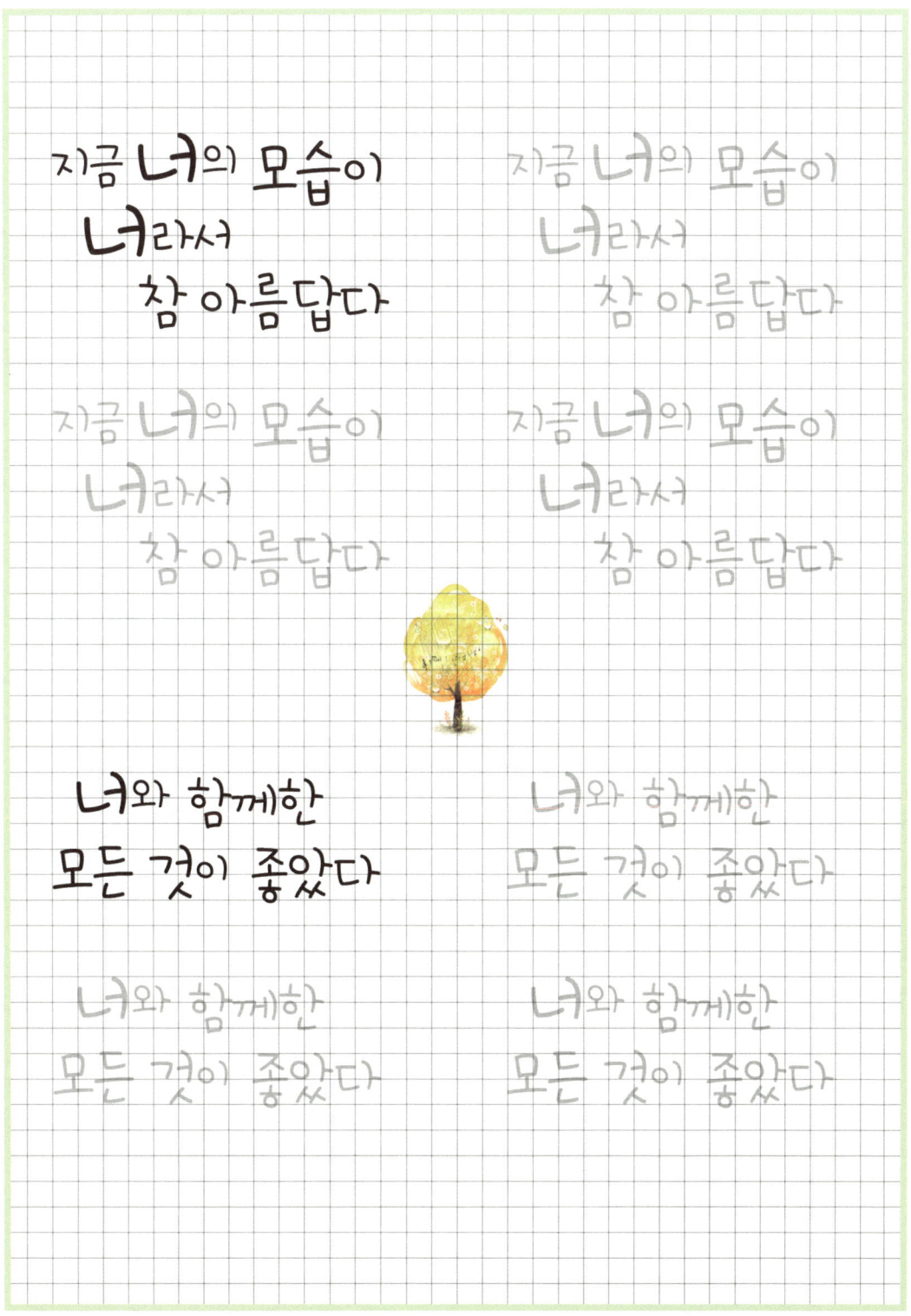

물위에 떠있는
　연꽃처럼
　　세상을 즐겨라

물위에 떠있는
　연꽃처럼
　　세상을 즐겨라

물위에 떠있는
　연꽃처럼
　　세상을 즐겨라

물위에 떠있는
　연꽃처럼
　　세상을 즐겨라

절실함이
　큰사람을 만든다

절실함이
　큰사람을 만든다

절실함이
　큰사람을 만든다

절실함이
　큰사람을 만든다

인생에
　등불 하나씩
　있으면 좋겠다

힘들면
　잠시 쉬어가도
　　괜찮아

흐린 날이라고 해도
　　종일 비가
계속되지는 않아요

흐린 날이라고 해도
　　종일 비가
계속되지는 않아요

흐린 날이라고 해도
　　종일 비가
계속되지는 않아요

흐린 날이라고 해도
　　종일 비가
계속되지는 않아요

오늘이
　　가장 아름답고
행복한 날이에요

오늘이
　　가장 아름답고
행복한 날이에요

오늘이
　　가장 아름답고
행복한 날이에요

오늘이
　　가장 아름답고
행복한 날이에요

세상에서
가장 소중한 사람은
바로 당신입니다

세상에서
가장 소중한 사람은
바로 당신입니다

세상에서
가장 소중한 사람은
바로 당신입니다

세상에서
가장 소중한 사람은
바로 당신입니다

힘든 시간을 이겨내고
핀 꽃이
가장 아름다운 법이야

힘든 시간을 이겨내고
핀 꽃이
가장 아름다운 법이야

힘든 시간을 이겨내고
핀 꽃이
가장 아름다운 법이야

힘든 시간을 이겨내고
핀 꽃이
가장 아름다운 법이야

줄노트에 긴 문장 이렇게 쓰세요.

글씨는 왼쪽에서 오른쪽으로 쓰는 가로쓰기의 형태가 일반적입니다. 문장 쓰기는 전체적인 구성과 글씨의 흐름이 매끄러워야 잘 쓴 글씨라는 느낌이 듭니다. 글자와의 간격, 띄어쓰기를 생각하며

아무도 살지 않는 숲속에 달팽이 한 마리와 방울꽃이 살았습니다. 달팽이는 세상에 방울꽃이 존재한다는 이유만으로도 기뻤습니다. 달팽이는 매일 아침 큰 바위

아무도 살지 않는 숲속에 달팽이 한 마리와 방울꽃이

아무도 살지 않는 숲속에 달팽이 한 마리와 방울꽃이

살았습니다. 달팽이는 세상에 방울꽃이 존재한다는

살았습니다. 달팽이는 세상에 방울꽃이 존재한다는

이유만으로도 기뻤습니다. 달팽이는 매일 아침 큰 바위

이유만으로도 기뻤습니다. 달팽이는 매일 아침 큰 바위

쓰는 것이 중요합니다. 글자와 글자 사이의 적절한 간격은 가독성을 높여줄 뿐만 아니라 아름다움을 더해줍니다. 지금까지는 큰 글씨 쓰기를 했다면 이제부터는 작은 글씨 쓰기에도 도전해보세요.

두 개를 넘어 방울꽃 옆으로 다가가 속삭였습니다. "이슬 한 방울만 마셔도 되나요?" 비바람이 부는 날에 바위 밑에서 잠 못 들고, 햇볕이 내리쬐는 날에 몸이

두 개를 넘어 방울꽃 옆으로 다가가 속삭였습니다.

두 개를 넘어 방울꽃 옆으로 다가가 속삭였습니다.

"이슬 한 방울만 마셔도 되나요?" 비바람이 부는 날에

"이슬 한 방울만 마셔도 되나요?" 비바람이 부는 날에

바위 밑에서 잠 못 들고, 햇볕이 내리쬐는 날에 몸이

바위 밑에서 잠 못 들고, 햇볕이 내리쬐는 날에 몸이

마르도록 방울꽃 곁에 있는 것이 달팽이의 사랑이라는 것을 방울꽃은 몰랐습니다. 숲에는 노란 날개를 가진 나비가 날아왔습니다. 방울꽃은 노란 나비를

마르도록 방울꽃 곁에 있는 것이 달팽이의 사랑이라는

것을 방울꽃은 몰랐습니다. 숲에는 노란 날개를 가진

나비가 날아왔습니다. 방울꽃은 노란 나비를

좋아했습니다. 달팽이에게 이슬을 주던 방울꽃이 나비에게 꿀을 주었을 때에도 달팽이는 방울꽃이 즐거워하는 것만으로도 행복했습니다. 방울꽃 꽃잎

좋아했습니다. 달팽이에게 이슬을 주던 방울꽃이

좋아했습니다. 달팽이에게 이슬을 주던 방울꽃이

나비에게 꿀을 주었을 때에도 달팽이는 방울꽃이

나비에게 꿀을 주었을 때에도 달팽이는 방울꽃이

즐거워하는 것만으로도 행복했습니다. 방울꽃 꽃잎

즐거워하는 것만으로도 행복했습니다. 방울꽃 꽃잎

하나가 짙은 아침 안개 속에 떨어지던 어느 날, 나비는 바람이 차가워진다며
노란 날개를 팔랑거리며 떠나갔습니다. 나비를 보내고 슬퍼하는 방울꽃을 보며

하나가 짙은 아침 안개 속에 떨어지던 어느 날, 나비는

바람이 차가워진다며 노란 날개를 팔랑거리며

떠나갔습니다. 나비를 보내고 슬퍼하는 방울꽃을 보며

달팽이가 흘리는 작은 눈물방울이 사랑이라는 것을, 나비가 떠난 밤에 방울꽃 주변을 자지 않고 맴돌던 것이 달팽이의 사랑이라는 것을 방울꽃은 몰랐습니다.

달팽이가 흘리는 작은 눈물방울이 사랑이라는 것을,

나비가 떠난 밤에 방울꽃 주변을 자지 않고 맴돌던 것이

달팽이의 사랑이라는 것을 방울꽃은 몰랐습니다.

 꽃잎이 바람에 다 떨어져버리고 방울꽃도 씨앗이 되어 땅위에 떨어져버린 날, 흙을 곱게 덮어주며 달팽이는 말했습니다. "당신을 기다려도 되나요?"

꽃잎이 바람에 다 떨어져버리고 방울꽃도 씨앗이 되어

땅위에 떨어져버린 날, 흙을 곱게 덮어주며 달팽이는

말했습니다. "당신을 기다려도 되나요?"

씨앗이 된 방울꽃은 그제야 달팽이가 자기를 사랑하고 있다는 것을 알게 되었습니다.
어느 따뜻한 봄날 아침, 꽃을 피운 방울꽃은 달팽이를 향해 환하게 웃었습니다.

씨앗이 된 방울꽃은 그제야 달팽이가 자기를 사랑하고

있다는 것을 알게 되었습니다. 어느 따뜻한 봄날 아침,

꽃을 피운 방울꽃은 달팽이를 향해 환하게 웃었습니다.

엽서와 카드에 마음을 담아 이렇게 쓰세요.

글씨를 쓸 때 글이 시작되는 곳과 끊어지는 곳에서 자음의 크기나 모음의 가로획과 세로획의 길이에 살짝 변화를 주어도 좋습니다.

카드

각 행의 시작점을 다르게 하면 좀 더 자연스러운 한 덩어리의 문장을 만들 수도 있습니다. 가까운 사람에게 마음을 담아 엽서나 카드를 꾸밀 때 이렇게 쓰면 좋아요.

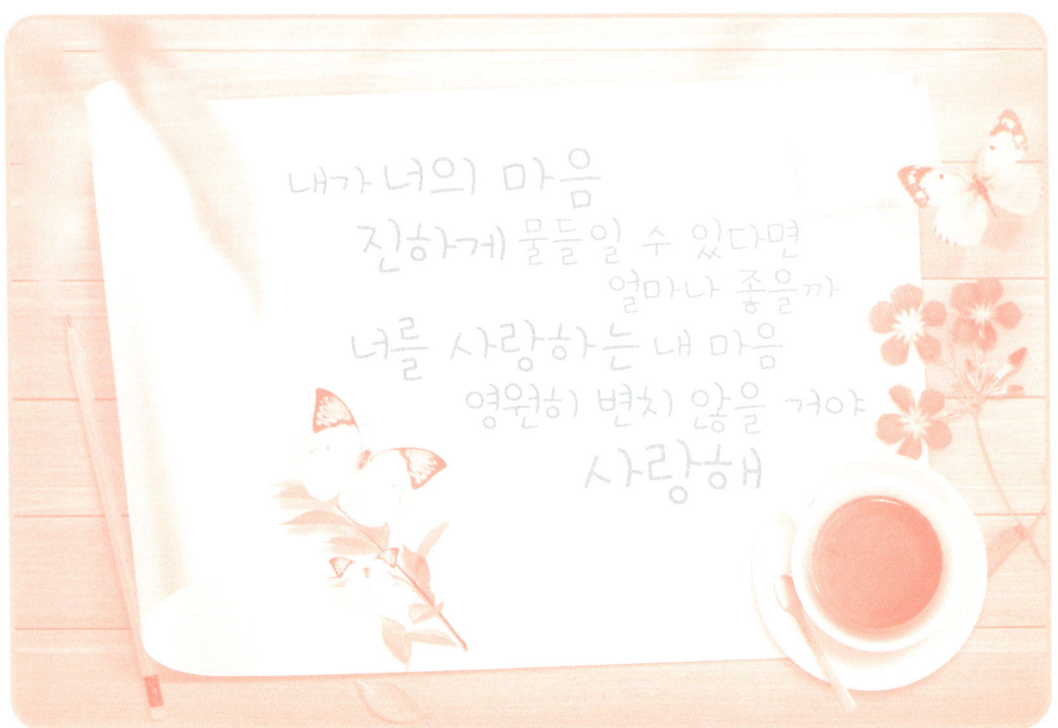

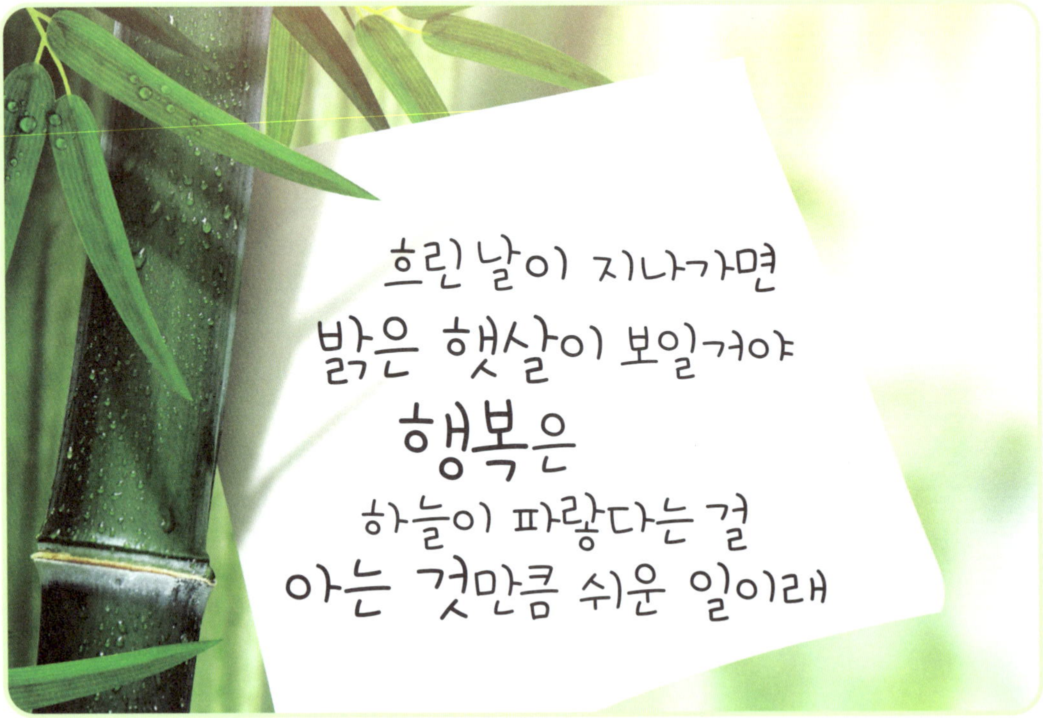

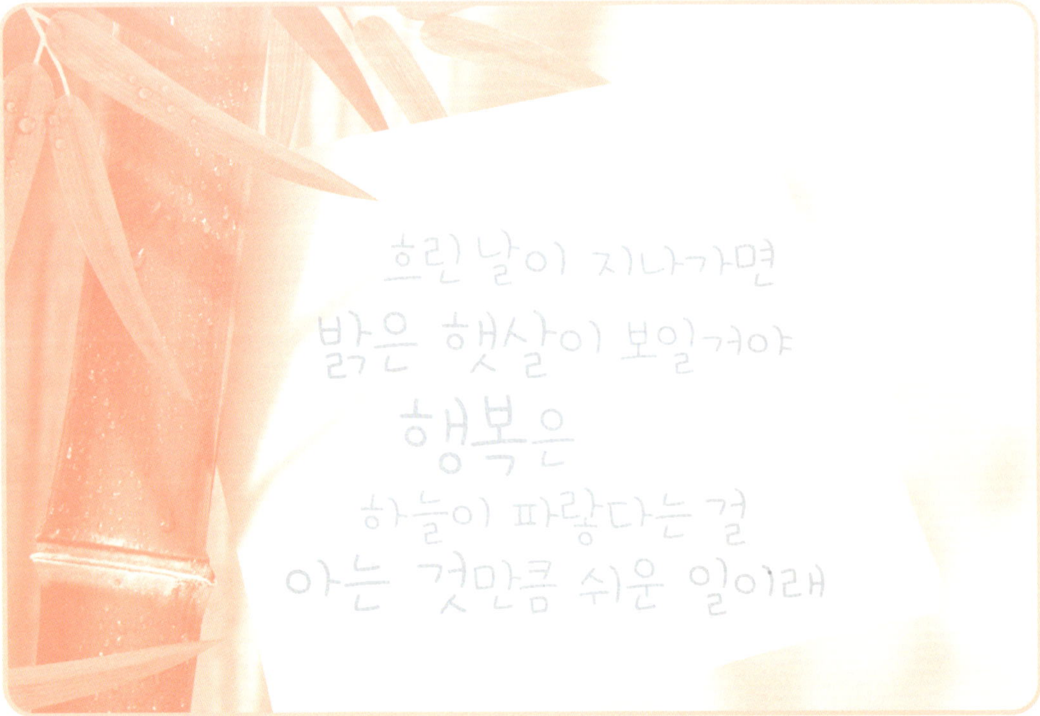

흐린 날이 지나가면
밝은 햇살이 보일거야
행복은
하늘이 파랗다는 걸
아는 것만큼 쉬운 일이래

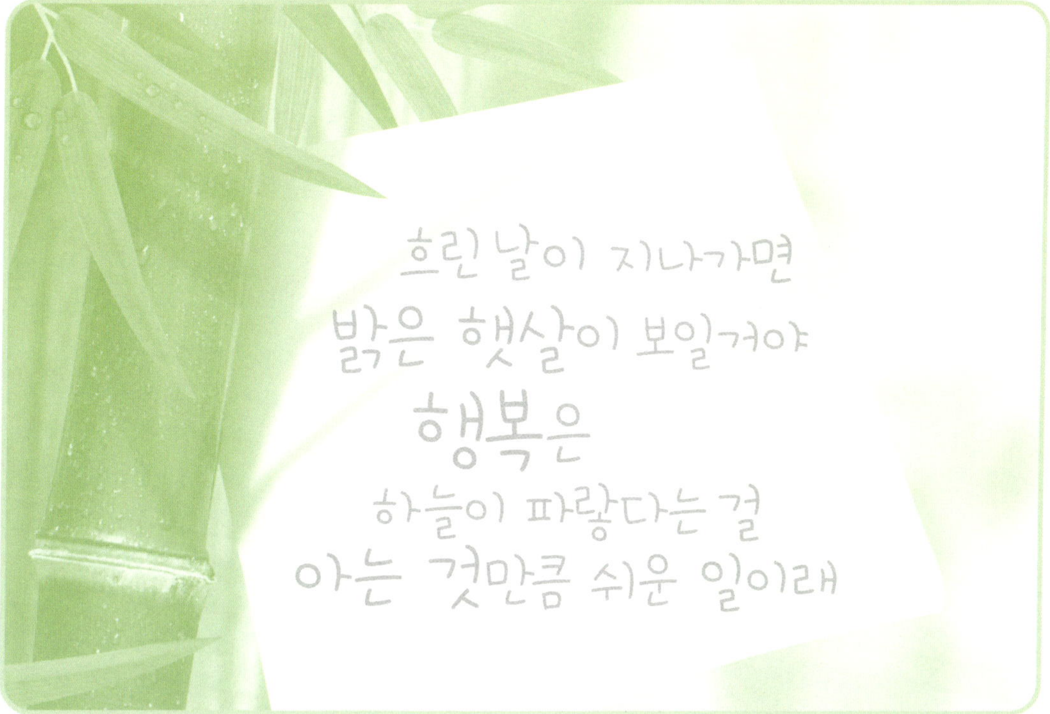

흐린 날이 지나가면
밝은 햇살이 보일거야
행복은
하늘이 파랗다는 걸
아는 것만큼 쉬운 일이래

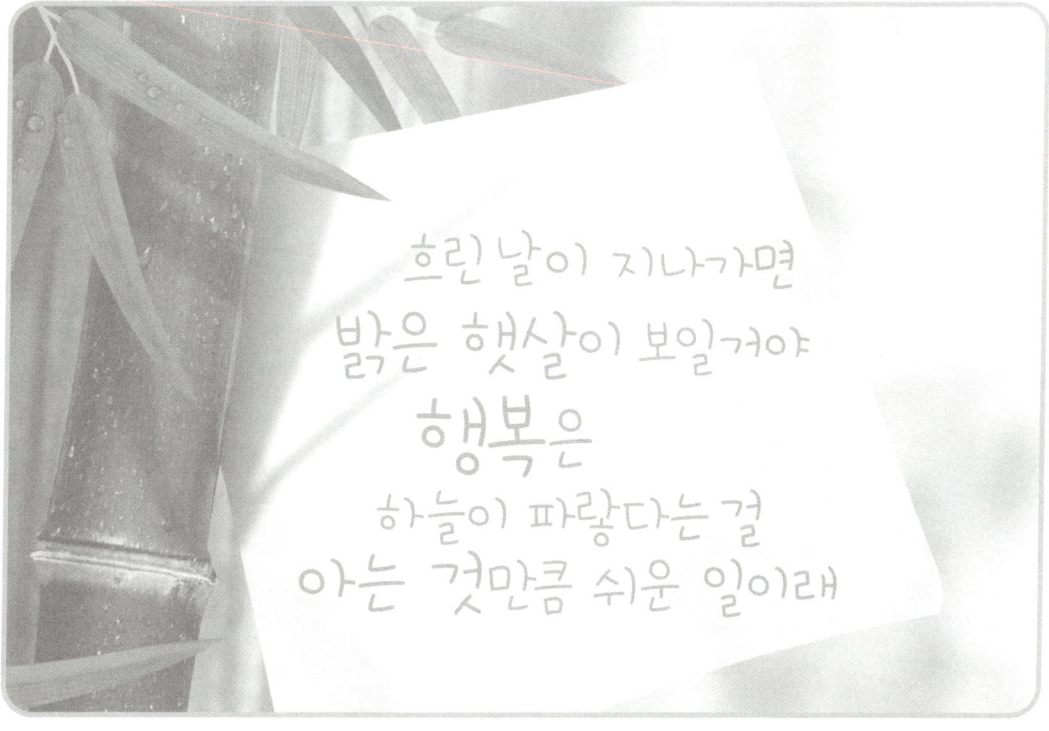

흐린 날이 지나가면
밝은 햇살이 보일거야
행복은
하늘이 파랗다는 걸
아는 것만큼 쉬운 일이래

사각사각 손글씨
나도 잘 쓰면 좋겠다

지은이 | 손멋글씨연구회
펴낸이 | 최병섭
펴낸곳 | 이가출판사
5쇄 발행 | 2020년 5월 20일
주　　소 | 서울시 영등포구 도신로 51길 4
대표전화 | 716-3767　　**팩시밀리** | 716-3768
E-mail | ega11@hanmail.net
ISBN | 978-89-7547-117-9 (13640)

* 책 값은 뒷표지에 있습니다.
* 잘못 만들어진 책은 구입하신 서점에서 교환해 드립니다.
* 이 책의 저작권은 이가출판사에 있습니다. 무단전제와 복제를 금합니다.